JN084908

労務理論学会誌　第 32 号

ダイバーシティ・マネジメントと人事労務管理

編集　労務理論学会
発売　晃 洋 書 房

はしがき

　労務理論学会第32回全国大会は、2022年7月29日（金）～7月31日（日）の3日間、「ダイバーシティ・マネジメントと人事労務管理」を統一論題テーマとして、東京都文京区にある拓殖大学で開催されました。拓殖大学での大会開催は初めてのことです。コロナ禍で対面での学会開催がなかなかできなかった中、今回は3年ぶりの対面での開催となりました。また、一部のプログラムでオンライン（Zoomウェビナー）でも参加していただける「ハイブリッド型」という初めての試みも行われました。参加者数は対面で約60名、オンラインで約20名の合計約80名でした。初日には理事会が開催され、2日目には自由論題報告、ワークショップ、特別講演、統一論題のプレシンポジウム、書籍紹介・書評の各セッションおよび会員総会、3日目には統一論題シンポジウムの報告と討論というプログラムで行われました。

　2日目の午前の自由論題報告では6つの報告が行われました。今回は東京での開催ということもあり、東京はじめ関東地方の社会保険労務士の会員・非会員の参加が多くありました。社会保険労務士の方々の研究の発表の場として当学会が活用されていることは、理論と実務を結ぶという意味も含めて喜ばしいことと感じました。

　ワークショップでは國府俊一郎会員（大東文化大学）による「研究者のキャリアと外部資金——個性的な研究者であるためには——」の報告が行われました。近年、学会には学会員の「教育」「トレーニング」の役割が期待されるようになり、研究の手法や論文・学会報告の進め方や研究費の獲得や活用、研究者としてのキャリア展開といった内容のセッションが多くの学会で見られるようになりました。本セッションは、多くの研究者と未来の研究者（大学院生など）、研究に関心のある一般社会人の集う場としての学会の役割を再認識できる良いセッションであったと思います。

２日目の午後には、労働側弁護士として精力的に活動しておられる嶋﨑量弁護士（日本労働弁護団常任理事）による「教員の労働問題——法的課題と法改正等へ向けた取り組み——」の特別講演が行われました。昨今大きな問題となっているこのテーマについて、法律の観点から鋭く切り込んだたいへん興味深い内容でありました。

　プレシンポジウムでは植木洋会員（鳥取短期大学）および閻亜光会員（立命館大学大学院）による報告が行われました。ダイバーシティの中でも重要なテーマである外国人労働者や女性労働者といった問題について、働く現場の実態を踏まえた分析が示されました。

　書籍紹介と書評のセッションでは、平澤克彦・中村艶子編著［2021］『ワークライフ・インテグレーション——未来を拓く働き方——』（ミネルヴァ書房）について奥寺葵会員（千葉商科大学）が、五十畑浩平著［2020］『スタージュ　フランス版「インターンシップ」』（日本経済評論社）について山崎憲会員（明治大学）が報告を行いました。

　３日目は統一論題シンポジウムが行われました。プログラム委員長の永田瞬会員（高崎経済大学）による趣旨説明の後、橋場俊展会員（名城大学）、平澤克彦会員（日本大学）、木村三千世会員（四天王寺大学）の３会員による報告が行われました。日本をはじめとする各国の状況と、そこにみられるダイバーシティ・マネジメントの問題と対応、今後のあり方などについての考察が示されました。これに対し、コメンテーターの脇夕希子会員（九州産業大学）によるコメントと、フロア参加者（教室会場およびオンライン）による質問が示され、司会の清山玲会員（茨城大学）の進行の下で活発な討論が展開されました。

　新型コロナウイルス感染症がなお勢いをふるう中での対面開催には、少なからず問題や障害がありました。しかし、対面開催ゆえに得られることの意義に鑑み、可能な限りの対策を取って大会を運営させていただきました。

　対面出席は、事前申し込みを必須としました。会場受付での連日の検温およびチェックシートへの記入、会場内でのマスクの着用、適宜の手指消毒、一席ずつ空けての着席などをお願いしました。会場や会員控室での懇談は自由に行っていただくことができましたが、懇親会につきましては残念ながら今回は

見送りとしました。

　対面での参加が難しい方にも配慮し、特別講演と統一論題（プレシンポジウム・シンポジウム）、会員総会についてはオンラインを併用しました。このオンライン併用は大会実行委員会も始めての経験で、会場参加者とオンライン参加者が十分にコミュニケーションがとれるかという問題があり、かなり前から準備や予行演習も行いました。幸い、当日は大きな支障はありませんでした。

　他方、講演者や発表者その他の参加予定の方で、感染や濃厚接触などの事情でオンライン参加や欠席となった方もおられました。大会スタッフ（学生）でも数名が急遽欠席となり、残った人数で切り盛りするということもありました。しかし全体としては、学会理事会・事務局・プログラム委員会そして報告者・司会・コメンテーターを務めてくださった皆様、会員や非会員の参加者皆様、また拓殖大学の事務局、大会スタッフ（学生）など多くの方々のご協力があって、無事に大会を終えることができました。とりわけ、以前に本学会の大会を開催した際の経験やノウハウの蓄積を生かせたことは非常に有益でした。オンライン開催についてお力添えいただいた第30回・第31回大会実行委員会の藤野真会員（福岡大学）には深く感謝いたします。

　改めまして今回、お世話になりました皆様方に心より御礼申し上げます。来年度は沖縄大学で皆様とお会いできますことを楽しみにしております。

　最後に一言申し上げます。私事ながら、今回の大会実行委員長（石毛）は、大学の専任教員であるとともに、現役の社会保険労務士（東京都社会保険労務士会所属の勤務等会員）でもあります。前述のとおり、今回の大会では会員のみならず非会員の社会保険労務士の方の参加が多くあり、社会保険労務士以外の会員も交え、活発な議論を展開しておられました。今後さらに多くの社会保険労務士の方が当学会に入会され、当学会を盛り上げていただくことを期待して止みません。

第32回全国大会

実行委員長　石毛昭範

目　　次

自由投稿（研究論文）

ワークショップ

書　評

統 一 論 題

ダイバーシティ・マネジメントと
人事労務管理

労務理論学会第32回全国大会統一論題 「ダイバーシティ・マネジメントと人事労務管理」 提案趣旨

　ダイバーシティ・マネジメント (diversity management) とは、人材のダイバーシティを用いて、パフォーマンスを向上させるマネジメント手法である。多様な人材を組織に組み込み、既存の組織内パワーバランスを変え、戦略的に組織を変革することを目指している。米国では、1990年代以降、人口構成において、白人が数的少数派になることが確実視され、企業は、白人男性中心に構築されたマネジメント体制を見直し、多様な労働力を有効活用する必要があると認識するようになった。

　日本では、少子高齢化を背景として、多様な人材活用や働き方の多様化が進む。第1に、総務省『労働力調査』によれば、65歳以上の高齢者就業者数は、2006年に500万人を突破し、2020年には906万人である。女性就業者は、2013年以降、顕著に増加し、2020年では2968万人に達する。厚生労働省『外国人雇用状況の届け出状況』によれば、外国人労働者数は、2008年から2020年のあいだに、48.6万人から172.4万人へ3.6倍に増加した。第2に、近年では、働き方改革のもとで、男性・正社員の際限のない働き方を見直し、残業抑制や勤務間インターバル制度導入を試みる事例がみられる。また、ソーシャル・ディスタンスを強いられるコロナ禍で、リモートワークが進展するなど勤務地に縛られない働き方も浸透しつつある。こうした現象は、はたして、日本におけるダイバーシティ・マネジメントの本格的導入と評価することはできるのだろうか。

　新型コロナウィルスの感染拡大は、実質的失業状態の女性・非正規労働者やリモートワークを利用できないエッセンシャル・ワーカーを生み出している。伍賀一道によれば、2020年4月時点で、非正規雇用女性全体1379万人のうち216万人（6人に1人）が休業状態である。また、野村総合研究所「コロナによ

統一論題

る休業・シフト減のパート・アルバイト就業者の実態に関する調査」(2021年2月)によれば、「シフト勤務が5割以上減少」かつ「休業手当を受け取れていない」女性の実質的失業者は、103.1万人で、2020年12月から13万人増加した（『日本経済新聞』2021年3月3日付）。さらに、パーソル総合研究所「緊急事態宣言後のテレワークの実態についての調査結果概要」によれば、子供がいるテレワークの実施について、「負担がある」と回答した割合は、子供の成長段階では未就学児や小学生で高く、男女別では女性が高い。このように、家庭内における子育てや家事の女性社員への偏りがテレワークで顕在化している。

　ダイバーシティ・マネジメントの浸透は、男性正社員を勤務できる時間や地域に制約がない同質的な集団とみなす「同質性のマネジメント」を見直し、ジェンダー平等を含む働き方の多様性をもたらすきっかけとなるはずである。しかし、実際には、コロナ禍の女性非正規労働者の生活保障の脆弱化や、女性正規労働者の離職率の高さ、あるいは、基幹労働力化する非正規公務労働や外国人技能実習生の不安定雇用化など、「多様な働き方」という言葉だけでは括ることのできない深刻な問題を内包している。こうした事実を踏まえるならば、日本におけるダイバーシティ・マネジメント導入は、現状では道半ばである、と判断せざるをえないのではないだろうか。

　労務理論学会第32回大会では、以上を踏まえ、「ダイバーシティ・マネジメントと人事労務管理」というテーマで、日本企業における多様な人材活用や多様な働き方の実現を通じた組織変革の現状と課題について、多面的な議論を行いたい。テーマの中には、長時間労働の是正、短時間就労や全国転勤なしの働き方、基幹労働力化する非正規労働者の均等処遇といった働き方の実態はもちろん、外国人労働者、高齢者、障がい者など、多様な人材活用の諸問題も含まれる。プログラム委員会は、労務理論学会会員の総力を結集して、日本のダイバーシティ・マネジメントの現段階を総合的に議論したいと考えている。

第32回全国大会プログラム委員長

永田　　瞬

1. ダイバーシティとエンゲージメント
——日本企業が苦悩する2つの指標——

Diversity and Engagement：
Two Indicators Japanese Firms Struggle With

橋場　俊展　HASHIBA Toshinobu

はじめに

　2000年代に入り、ダイバーシティ・マネジメント(Diversity Management：DM)が、やや遅れて従業員エンゲージメント（Employee Engagement：EE）がビジネス界と学界の双方で関心を集めるようになった。多様性を尊重し、それを企業競争力に活かすことを目指すDM、そして組織に貢献しようという従業員の自発的な態度・意欲・姿勢と行動を意味するEE。この双方について、日本は後れを取っているとされる。日本企業が両者に苦悩する現状の背景を探り、共通部分を析出することが本稿の第1の課題である。他方、DMやEEの向上は概ね首肯されるべき取り組みであり、しばしば洗練されたストーリーや美辞麗句とともに語られている。しかし、そこに危惧すべき落とし穴はないのか。DMやEEを批判的に捉える論者の指摘を吟味し、それら懸念を解消したうえで健全なDM並びにEEマネジメント進展のための手がかりを明らかにすることが第2の課題である。

Ⅰ　ダイバーシティ・マネジメントと従業員エンゲージメント

1　DMとEEの概念整理

① 多様性とそのマネジメント

　1980年代の米国で誕生し、90年代に本格化したDMは、人が有する属性の違いをほぼ網羅した幅広い多様性を対象とした管理を意味する。競争優位に資するなど、組織に経済的価値をもたらすこと、同時にそれが社会的に公正で道徳的に望ましいことからDMは注目を集め、そして正当化されている [Ex., Cox and Blake 1991；Lorbiecki & Jack 2000]。DMが対象とする多様な属性のうちでも年齢、民族・国籍、性別、精神・身体能力、組織上の役割・機能、人種、宗教、性的指向の8つがとりわけ重視されており「ビッグ8」とも呼称される [Plummer 2003]。ただし、これらの属性はしばしば相互に連関し、交差しながら個々の主体に様々な影響を及ぼしている（例えば、黒人、女性、同性愛者という属性を有する個人は、黒人、男性、異性愛者よりも抑圧される蓋然性が高い）。このように、文脈上関連するすべての多様性の次元の相互作用・交わりを考慮することの必要性、すなわち交差性（intersectionality）がDMの新たな課題として提起されている [Köllen 2021]。また、DMにおいてどの属性が優先されるのかは各国で異なり、米国では性別（ジェンダー）と人種の2つが、日本では性別が重視されている [Mahapatro 2014；Kemper et al. 2016；矢島他 2017]。

　DMの具体的な実践手法は、組織の労働力多様化を進める施策（ターゲットを絞ったダイバーシティ・リクルートメント、希望する採用プールから潜在的候補者に到達するための取り組み、多様な従業員の採用を促すための採用担当者へのインセンティブの付与等）と既に存在する多様性を包摂（inclusion）するための施策（ダイバーシティ研修、メンタリング・プログラム、特定の多様性カテゴリーを中心とした従業員ネットワーク、ワーク・ライフ・バランス施策等）に大別されるが、ここから理解できるようにDMは人的資源管理の一環と見なしうるのである [Köllen 2021；Avery & McKay 2006；McKay & Avery 2005]。こうした実践手法から構成されるDMを、① 同じ能力

をもった人材を区別（差別）なく活用することをめぐるもの、② 多様な能力を
もった人材をその能力の違いを認め、それを活かして適材適所で使いこなすこ
と、③ 多様な能力をもった人材から、ある種の「化学反応」を引き起こすこと、
以上の３タイプに区分する捉え方も存在する［尾崎 2017］。

② エンゲージメントとその向上策

EEは米国において2000年代、とりわけ2005年前後から、人事担当者やコン
サルタント等の実務界、そして人的資源管理論、組織行動論、組織心理学など
の学界で注目されるに至った。研究の蓄積が進むと、このEE度数向上によって、
従業員による職務満足、組織コミットメント、職務関与の形成・強化、あるい
は組織市民行動（OCB）や適応的行動の実践、さらにはこれらを通じた、生産性、
製品・サービスのクオリティー向上、売上高増大、顧客満足および顧客ロイヤ
リティ増大、従業員定着の進展といった効果を期待できることが明らかにさ
れるようになり、ブームの様相を呈するに至った［Macey et al. 2009；Saks 2006；
Harter et al. 2002］。

具体的なEE向上策としては、明確で前途有望な戦略・方向性の提示、革新
的な人的資源管理諸慣行の体系的導入＝高業績作業システム（HPWS）の実践、
リーダーシップの発揮・育成、品質・顧客志向の徹底、EEを維持・強化して
いく組織文化の構築、必要なリソースの提供、フィードバック付与、承認の付
与、協力体制の構築、WLBの推進等が挙げられている［橋場 2013］。

③ DMとEEの関係性

ここでDMとEEの関係性について簡単に言及しておく。様々な属性を前提
にするDMに対して、EE向上策はそうしたことに関わらず全従業員を対象に
するといった具合に、基本的に両者は別個の管理手法である。とはいえ、希少
な先行研究によれば、DMとりわけインクルージョン施策をうまく実践し、組
織的信頼を醸成できれば、それによってEE向上を期待しうることが明らかに
されている。こうした研究成果を見る限り、巧みなDMによってEE向上も付
随的に実現できるが、逆のプロセスは見出されない。さしあたり、両概念の関

係性はこのように捉えて大過ないようである［Alshaabani et al. 2022；Downey et al. 2015］。

2　日本におけるDMとEE向上策の展開

① DMをめぐる動き

　少子高齢化の急速な進展による労働力人口の減少、企業活動のグローバル化、市場ニーズの多様化、そして各種法律や政策（男女雇用機会均等法、女性活躍推進法、育児・介護休業法、次世代育成支援対策推進法、障害者雇用促進法、高年齢者雇用安定法、労働施策総合推進法［外国人雇用関連］等）による社会的要請を背景に、日本においても2000年以降、DMに対する関心が高まった［有村 2008；谷口 2005；2008］。具体的に、日経連が2000年にはダイバーシティ・ワーク・ルール研究会を立ち上げ、2002年に報告書を刊行し、多様な人材を活かす戦略としてDMの必要性を説いている［日本経営者団体連盟ダイバーシティ・ワーク・ルール研究会 2002］。より新しいところでは、経済産業省が2018年に「ダイバーシティ2.0行動ガイドライン」を取りまとめた。同ガイドラインではダイバーシティ2.0を「多様な属性の違いを活かし、個々の人材の能力を最大限引き出すことにより、付加価値を生み出し続ける企業を目指して、全社的かつ継続的に進めていく経営上の取組」と定義づけたうえで、企業が取るべき行動として「経営戦略への組み込み」、「推進体制の構築」、「ガバナンスの改革」、「全社的な環境・ルールの整備」、「管理職の行動・意識改革」、「従業員の行動・意識改革」、「労働市場・資本市場への情報開示と対話」の7つのアクションを提唱している［経済産業省 2018］。DM実践の気運を高めようとの政財界の意向が見て取れるのである。

　他方で『東洋経済CSRデータeBook 2022ダイバーシティ推進編』への掲載企業数1631社（上場1568社、未上場63社）、厚生労働省「女性活躍推進企業データベース」でのデータ公表企業2万1762社、行動計画公表企業3万1170社という数字[2]を踏まえれば、実際DMの取り組みは一定広がりを見せているといえよう。

② EEをめぐる動き

　欧米でのブーム、人手不足の影響による従業員の働き甲斐や意欲の低下とそれが財・サービスの品質低下といった形で既存事業の運営に支障をもたらしているという経営側の懸念等を背景にして、2010年前後からコンサルタント業界や心理学分野において注目されるようになったEEであるが、その後存在感は益々高まっていき、政財界からも大きな関心を寄せられるようになった。具体的に、厚生労働省が公表する白書『労働経済の分析』(以下『経済分析』) の平成30年 (2018年) 版そして令和元年 (2019年) 版でワーク・エンゲージメント (Work Engagement：WE) が、一方、労使関係及び人事労務管理に係る経団連の基本方針を示す『経営労務政策特別委員会報告』(以下『委員会報告』) の2020年版、2021年版ではEE[3]が取り上げられている。

　とりわけ、2019年版『経済分析』はJILPT調査によって得られたデータを用いてWEについて詳細に分析している。それによれば、組織コミットメントと新入社員定着率の向上、従業員離職率低下、他の従業員に対する積極的支援増大、顧客満足度上昇といったアウトカムと正の相関関係を有していること、企業の労働生産性向上につながる可能性、仕事中の過度なストレスや疲労を感じる度合いを低下させる可能性、より長い職業人生を志向させる可能性などなど、WE向上がもたらす諸々のメリットが検証されている。さらに、① 仕事を通じた成長実感や自己効力感等の認識を持つことのできる職場環境整備、② 公正な人事評価、業務遂行上の裁量権拡大、優秀な人材の抜擢・登用、能力・成果等に見合った報酬、復職支援、WLB推進、メンター制度、キャリアコンサルティング、人材育成方針の明確化等先進的なHRMの実施、③ 活力やポジティブな心理状態 (心理的資本) を回復させるような休み方 (リカバリー経験) の実現、そして ④ 仕事と余暇時間の境目をマネジメントする能力 (バウンダリー・マネジメント) の涵養を進めていくことでWE向上を図っていくよう提言するのである。

　一方の『委員会報告』では、狩猟社会 (Society 1.0)、農耕社会 (Society 2.0)、工業社会 (Society 3.0)、情報社会 (Society 4.0) に続く、「サイバー空間 (仮想空間)

とフィジカル空間 (現実空間) を高度に融合させたシステムにより、経済発展
と社会的課題の解決を両立する、人間中心の社会[4]」(Society 5.0) を実現するため
には、インプット (労働投入) の効率化を進めると同時に、エンゲージメント
向上を通じたアウトプット (付加価値) の最大化に注力することが重要である
との認識が示されている。そのうえで、具体的なEE向上策として「働きがい
を高める施策」と「働きやすさを高める施策」の2タイプの取り組みを提言し
ている。前者は「企業理念・事業目的の働き手との共有 (SDGsの達成、地域への
貢献等)」、「自主的・主体的な業務遂行力」、「働き手の自律的なキャリア形成支
援 (社内公募制やキャリア面談の実施、デジタルスキル・リテラシーの向上支援、リカレン
ト教育の推進等)」、「公正な人事・賃金制度の構築」、「『自社型』雇用システム (ジョ
ブ型雇用の活用等)」の5施策から構成されている。後者は「場所・時間にとら
われない働き方 (テレワーク、フレックスタイム制、裁量労働制の活用等)、「ダイバー
シティ&インクルージョンの推進」、「安全・安心、健康の確保 (長時間・過労防
止等)」、「育児・介護・病気治療と仕事の両立支援」、「AIやロボティクスなど
デジタル技術の活用」の5施策から構成されている。

　以上、厚生労働省所管の白書と経団連刊行の報告書についてやや立ち入って
分析した。厚生労働省と経団連双方が、EE向上の必要性を説き、そのための
具体策を推奨している事実が確認できた。本節冒頭で触れたコンサルタント業
界や学界の動向も併せ、今や我が国においてEE度数向上は産官学共通の課題
になっているといって過言ではない。

Ⅱ　苦悩する日本企業

1　各種調査並びに統計が示す日本の実態

　DMとEEへの関心が高まり、政財界もその推進に力を注いでいるが、各種
の統計や調査結果が示すところでは、両者について日本の現状は芳しいものと
言い難い。順次確認してみよう。

① DMの実態

　まず、世界経済フォーラム「ジェンダー・ギャップ指数」の2022年の結果を見ると、日本は総合スコアが146カ国中116位、DMとも関係する経済分野の順位が146カ国中121位（前回は117位）と低迷している。女性の管理職比率と平均所得の低さがネックとなり、こうした結果がもたらされたと指摘されている［World Economic Forum　2022］。次に、国際経営開発研究所（IMD）が発表した世界人材競争力ランキング2021によれば、日本は世界64カ国中「外国人労働者を惹きつけ、人材を確保する魅力度」が27位、全体では39位である［IMD World Competitiveness Center　2021］。少し古いが、労働政策研究・研修機構『第4回日系グローバル企業の人材マネジメント調査結果』が示す、日本企業海外子会社の取締役に占める日本人比率78.9％、現地国籍者比率19.4％、第三国籍者1.7％という実態と併せ、外国人材の確保と登用双方で立ち後れている様が窺える。さらに、民間企業における2021年の雇用障害者数（59万7786人）、障害者実雇用率（2.2％）は共に過去最高だったとはいえ、法定雇用率達成企業の割合は47.0％にとどまり、前年を下回っている。最後に、三菱UFJリサーチ＆コンサルティングの2017年調査によれば、女性については積極的なDM取り組みを実践する企業が多いものの、高齢社員や障害者についてはコンプライアンス上の問題がない程度の対応にとどめる企業が過半を占め、高度外国人材やLGBTについては何らの取り組みも行っていない企業割合が高い［矢島他2017］。つまり、日本企業のDMは、依然として女性活用を念頭に置いた取り組みが中心であり、その他の属性を対象としたDMは消極的ないしは不活発といわねばならない。しかも、最も力を注いでいる女性対象のDMも総体としては「ジェンダー・ギャップ指数」が示すとおりお粗末な状況である。こうなると、日本企業のDMが望む変化や成果につながっていないケースが多いことも［荒金　2020；船越　2021］も当然の帰結であろう。

② EEの実態

　日本人従業員のエンゲージメントの現状を伝える調査結果として最も知ら

れているのは、米国の世論調査並びに人材コンサルタント企業Gallup社による
EE調査であろう。同調査結果によれば、日本の「エンゲージした」社員割合
は６％で、中国、フランス、スペインとともに、下から２番目のグループを形
成しており、140カ国中133-136位に位置する。逆に「エンゲージしていない」
社員割合は71％（同21-29位）で、「積極的にディスエンゲージした」社員割合は
23％（同19-23位）と惨憺たるものだった［Gallup 2017］。次に、ユトレヒト・ワー
ク・エンゲージメント尺度の短縮版を用いた、島津らのWE得点国際比較でも、
日本は16カ国中で群を抜いての最下位である［Shimazu et al. 2010］。

2 指摘されるその背景

① DM関連の各種指標が低調な理由

　上述した日本の実態には、もちろん各種法律や政策が少なからず影響してい
るであろうが、ここでは個別企業レベルで指摘されているDMの停滞や不首尾
の背景を確認する。

　まず、DMが迷走する企業には、１）多様性が境界線を生み出し組織を分断
している、２）経営トップの当事者意識が希薄である、３）目的、目標、方針
が曖昧である、以上３つの共通点が見出されるという［荒金 2020］。次に、日
本企業のDMがしばしば結果を伴わない理由を、社員同士の交流機会付与と
いった包摂＝インクルージョン・マネジメントの未成熟さに求める見解があ
る［船越 2021］。最後に、経済産業省はDMを成果につなげる条件として、ダイ
バーシティ経営の明確化とトップの主体的関与、情報共有や意思決定プロセス
の明確化、各種コミュニケーションの活性化と並べ「多様な人材が活躍できる
土壌をつくるために」必要な条件を列挙している。具体的には、（A）人事制
度・人材登用［１）職務の明確化・公正で透明性の高い人事評価制度、２）多
様な人材の積極的な登用・採用、３）多様性を引き出し活かす配置・転換］、（B）
勤務環境・体制整備［１）勤務時間・場所の柔軟化と長時間労働の削減、２）
多様な人材が働きやすい環境・体制構築］、（C）社員の意識改革・能力開発［１）

キャリア形成や能力開発のための教育・研修の拡充、２）マネジメント層の意識改革・スキル開発］の７点である。［経済産業省 2017］。現状、これら条件の欠落したDM推進企業が多いと考えるべきであろう。

② EE関連の各種指標が低調な理由

前述の2019年版『経済分析』は、WEを向上させるために、１）仕事を通じた成長実感や自己効力感等の認識を持つことのできる職場環境整備、２）公正な人事評価、業務遂行上の裁量権拡大、優秀な人材の抜擢・登用、能力・成果等に見合った報酬、復職支援、WLB推進、メンター制度、キャリアコンサルティング、人材育成方針の明確化等先進的なHRMの実施、３）活力やポジティブな心理状態（心理的資本）を回復させるような休み方（リカバリー経験）の実現、そして４）仕事と余暇時間の境目をマネジメントする能力（バウンダリー・マネジメント）の涵養を強く提唱している。裏を返せば、多くの日本企業がこれらを実践できていないということである。中でも、公正な人事制度と報酬の欠落や不十分な人材育成、そしてWLBの困難さ＝長時間労働については、日本における低調なエンゲージメント（そしてその結果としての低生産性）の根源としても明確に指摘されているところである［カップ 2015］。

③ 両者の低迷に共通する理由

DMとEE促進を阻む理由としてそれぞれ指摘されている内容は、当然異なるところも多いが、透明性と公正さに欠ける人事評価や報酬、不十分な教育訓練機会、適正とはいえない登用や配置等、HRMの後進性や機能不全、そして長時間労働が挙げられている点で共通している。

ところで、「心理的安全性」(Psychological Safety：PS) という言説が近年注目を集めている。対人関係のリスクを取っても安全だと信じられ、皆が気兼ねなく意見を述べることができる職場環境を意味するこのPSは、EEと正の関係を有していること、またそうした効果がマイノリティ程高いことが検証された［エドモンドソン 2021；Singh et al. 2013］。すなわち、PSはDMとEE促進の双方を有効化することが裏付けられた訳であるが、上記の各種統計、調査結果を踏まえる

なら、逆説的に多くの日本企業ではこのPSが低いものと推察される。これも
また、DMとEE促進の阻害要因といえよう。

Ⅲ　健全なるDMの進展とEE向上に向けて

1　批判的見解とそこから得られる示唆

　DMとEEがそろって低調な理由を確認したことで、両者の進展・向上に向
けての課題がある程度明確になってきたが、結論を出す前に、両者に関する批
判的見解に目を向けておこう。

① DMに対する批判的見解

　社会的に公正で望ましいと一般的には理解されているDMであるが、以下の
ような観点から批判が向けられている［Köllen 2021；Wrench 2005；中川 2010；岩
淵 2021；竹田 2006］。第1に、各種差別禁止法や機会均等法はその遵守方法に
関して企業に大きな裁量を与えているが、DMは、企業にとってより「簡便な」
選択肢を促すのではないかとの批判である。第2に、DMによって人種的、民
族的な排除や差別の問題が希薄化し、それら問題解決のための取り組みが後景
化しかねないとの批判である。第3に、多様性を競争力に結び付けようとの
DMによって、機会均等のための諸活動から道徳的・倫理的視点が失われビジ
ネス論がそれに取って代わるのではないかとの批判である。第4に、均等待遇
の原則が伴わなければ、多様性の名の下に、差別が温存、拡大されかねないと
の批判である。

② EEに対する批判的見解

　労使にとってメリットが大きいと広く認識されているEEに対しても、次
のような批判が存在する［橋場 2021；Purcell 2014；George 2010；Bakker & Leiter
2010］。第1に、ポジティブ心理学の影響を強く受け、単元主義的準拠枠（unitarist
frame of reference）に依拠したEE論はあらゆるネガティブな側面や利害対立を
捨象することで、労働や職場の問題を矮小化しているとする批判である。第2

に、高度／過剰なエンゲージメントに対する批判である。この批判は、さらに次の2つに大別される。まず、人間が、高エンゲージメントではなく、無意識下に近い低エンゲージメント状態において問題解決、創造性の発揮、複雑な判断をより良く行うことを実証し、常態的な高エンゲージメント状態を批判する見解である。次に、過度なエンゲージメントはワーカホリック、バーンアウト、ディスエンゲージメントといった問題を引き起こしかねないとする危惧（これを「エンゲージメントの暗黒面」[Macey et al. 2009：137] と呼称する論者もいる）である。

③ 批判的見解からのインプリケーション

DMの実践に際しては、あらゆるマイノリティの受難の事実と歴史について従業員が学ぶ機会を設ける必要があるだろう。そうした理解がないまま多様化が進められれば差別やいじめを引き起こしかねない。同様に、働き方の多様化という名目で格差の隠れ蓑にさせぬよう、DMは差別解消や均等待遇の原則の下に進められねばならない[5]。

EE向上策の実践に際しては、とりわけ日本においてエンゲージしている従業員が少数派に過ぎず、逆に、何らかの理由でエンゲージしない、できない従業員が多数を占めている事実を直視せねばならない。当然、その背景には労働条件を含めた不満等も存在するはずであり、巷間言われるようなエレガントなストーリーだけではEE向上を望むべくもない。他方、EE度数が低いにもかかわらず、長時間労働が蔓延して来た日本企業は、高いEEが、ワーカホリック、バーンアウト、ディスエンゲージメントへの経路になりかねないことを、重く受け止めつつ、何らかの対策を講じるべきであろう。

2　「日本型」DM並びにEEマネジメント推進の要諦

ここまでの考察から、公正な人事制度や報酬、充実した教育訓練、適材適所等の洗練されたHRMとWLB推進が、低調なDMとEEを脱却するための鍵となることが明らかになった。また、PSの構築も重要な課題となる。日本企業におけるPSの実状やその向上のための課題は今後の実態調査を待たねばならな

いが、少なくとも深刻化する職場のいじめ問題やパワハラの背景とされる余裕
のない人員配置、個人を萎縮させるような人事評価の見直しはPS構築に不可
避であろう。他方、批判的な諸見解からはただ闇雲に多様性やエンゲージメン
トを追求することには様々なリスクが伴うという知見を得られた。これは、職
場にDMやEEマネジメントに対する相応のチェック機能と拮抗力が存在しな
ければ、例えば、多様性の推進が差別やいじめを惹起する、インクルージョン・
マネジメントが従来の濃密な人間関係管理に変容する、EE向上がワーカホリッ
クを深刻化させるなど、意図せざる結果をもたらしかねないことを示唆してい
る。この点、英国の産官学が、従業員の発言（employee voice）機会をEE促進要
因の1つとして重視しているという事実から学ぶべきことは多い。

おわりに

　本稿は、日本企業が、DMとEEに苦悩している共通の理由を把握し、その
打開策を模索することを課題として設定した。公正さ、周到さ、先進性に欠け
るHRMや長時間労働が共通した背景であり、したがって、従業員満足を指向
する洗練されたHRMの実施、WLB推進、PSの構築が日本におけるDM並びに
EEマネジメントの要諦になるとの結論に至った。併せて、そうした取り組み
が伴わないままでの、あるいは従業員側によるチェック機能や発言機会が確保
されないままでの多様性およびエンゲージメントの追求によって様々なリスク
が生じかねないことを指摘した。DMやEEを美談で片付けてはならないので
あり、その意味で学界の負うべき責任は大きい。とりわけEEないしはWEを
めぐって我が国の学界は無批判と無関心の両極にあるといっても大過ないだろ
う。積極的にエンゲージメントを議論する論者が集う学会は、その程度・水準
が高ければ良いという前提でEE度数把握や向上策の究明に努めている。こう
した研究のみでは、物事の一面を知ることしかできない。他方で、経営学や人事・
労務管理の批判的考察を積み重ねてきた諸学会は本来「エンゲージメントの暗

黒面」を糺しつつ、健全なEE向上のあり方を模索すべき立場にあるはずだが、これまでのところ、こうしたテーマを取り上げることに消極的であるように見受けられる。実務界での流行り物に振り回されることを良しとしない禁欲的な研究姿勢の表れといえるのかも知れないが、新規のマネジメント手法が無批判に受容され、新たな労働問題を引き起こす危険性を傍観することは許されないだろう。WIN-WINやエレガントなストーリーと共に語られる手法、さらにいえばそこに胡散臭さを感ずる手法をこそ積極的にそして批判的に考察し、発言する姿勢が批判的研究を志向する学会には求められるのではないか。その際には、労使間の利害対立の必然性を前提とした多元主義的準拠枠（pluralist frame of reference）を意識的に用いていく必要があるだろう。

付記

本稿は、JSPS科研費22K01713の助成を受けた研究成果の一部である。

◉ 注

1）従業員の心理状態のみならず、行動面も視野に入れることを重視し、本稿ではワーク・エンゲージメントではなく従業員エンゲージメントを考察の対象とする。また、従業員エンゲージメントを「従業員が、仕事を通じ、組織に貢献しようという自発的な態度・意欲・姿勢と、実際に貢献可能な知識・理解・能力を併せ持つことで、成果につながる行動を取り得る状態」と定義づけることとする［橋場 2013］。

2）本稿執筆時点での登録数である。

3）厳密にいえば、同報告書はエンゲージメントという呼称を用いているが、その内容は本稿が述べるEEに近い。

4）以下の内閣府サイト。https://www8.cao.go.jp/cstp/society5_0/index.html（2022年10月7日閲覧）。

5）この点、「公正」(equity) を多様性や包摂と同列に並べ自社DMの中核的理念に位置づけるとともに、従業員の声をDMにとって不可欠なものと尊重するCoca-Cola社の姿勢は注目に値しよう。https://www.coca-colacompany.com/social-impact/diversity-and-inclusion（2022年7月24日閲覧）。

◉ 主要参考文献

Alshaabani, A. et al. [2022] Impact of Diversity Management on Employees' Engagement: The Role of Organizational Trust and Job Insecurity, *Sustainability*, 14(1).

Avery, D. R., & McKay, P. F. [2006] Target Practice: An Organizational Impression Management Approach to Attracting Minority and Female Job Applicants, Personnel *Psychology*, 59.

Bakker, A. E. & Demerouti, E. [2007] The Job Demands-Resources Model: State of the Art, *Journal of Managerial Psychology*, 22 (3).

——— [2008] Towards a Model of Work Engagement, *Career Development International*, 13 (3).

Bakker, A. B. & Leiter, M. P., eds. [2010] *Work Engagement: A Handbook of Essential Theory and Research*, Psychology Press（[島津明人総監訳.『ワーク・エンゲイジメント――基本理論と研究のためのハンドブック―』星和書店, 2014]）.

Cox, T. H. & Blake, S. [1991] Managing Cultural Diversity: Implications for Organizational Competitiveness, *Academy of Management Executive*, 5, (3).

Downey, S. N. et al. [2015] The Role of Diversity Practices and Inclusion in Promoting Trust and Employee Engagement, *Journal of Applied Social Psychology*, 45.

Gallup [2017] . *State of the Global Workplace*, Gallup Press.

George, J. M. [2010] More Engagement is Not Necessarily Better: The Benefits of Fluctuating Levels of Engagement, Albrecht, S. L., ed, *Handbook of Employee Engagement: Perspectives, Issues, Research and Practice*, Edward Elgar.

Gollan, P. J. et al. [2015] Voice and Involvement at Work: Introduction, Gollan et al. eds, *Voice and Involvement at Work: Experience with Non-Union Representation*, Routledge.

Harter, J. K. et al. [2002] Business-unit Level Relationship between Employee Satisfaction, Employee Engagement, and Business Outcomes: A Meta-analysis, *Journal of Applied Psychology*, 82, (2).

IMD World Competitiveness Center [2021] *IMD World Talent Ranking*.

Kahn, W. A. [1990] Psychological Conditions of Personal Engagement and Disengagement at Work, *The Academy of Management Journal*, 33 (4).

Kemper, L. E. et al. [2016] Diversity Management in Ageing Societies: A Comparative Study of Germany and Japan, *Management Revue*, 27(1/2).

Köllen, T. [2021] Diversity Management: A Critical Review and Agenda for the Future, *Journal of Management Inquiry*, 30(3).

Mahapatro, M. [2014] Mainstreaming Gender: Shift from Advocacy to Policy, *Vision: The Journal of Business Perspective*, 18, (4).

Macey, W.H. & Schneider, B. [2008] The Meaning of Employee Engagement, *Industrial and Organizational Psychology*, Vol. 1, Issue. 1.

Macey, W. H. et al. [2009] *Employee Engagement: Tools for Analysis, Practice, and Competitive Advantage*, Wiley-Blackwell.

McKay, P. F. & Avery, D. R. [2005] Warning! Diversity Recruitment Could Backfire, *Journal of Management Inquiry*, 14 (4).

Plummer, D. L. ed. [2003] *Handbook of diversity management: Beyond awareness to competency based learning*, University Press of America.

Purcell, J. [2014] Disengaging from Engagement, *Human Resource Management Journal*, 24, (3).

Saks, A. M. [2006] Antecedents and Consequences of Employee Engagement, *Journal of Managerial Psychology*, 21 (7).

Schaufeli, W. B. et al. [2008] Workaholism, Burnout, and Work Engagement: Three of a Kind or Three Different Kinds of Employee Well-being?, *Appliedd Psychology*, 57, (2).

Shimazu, A. et al. [2010] Why Japanese Workers Show Low Work Engagement: An Item Response Theory Analysis of the Utrecht Work Engagement Scale, *BioPsychoSociol Medicine*, 4 (17).

Singh, B. et al. [2013] Managing Diversity at Work: Does Psychological Safety Hold the Key to Racial Differences in Employee Performance?, *Journal of Occupational and Organizational Psychology*, 86 (2).

World Economic Forum [2022] *Global Gender Gap Report*.

Wrench, J. [2005] Diversity Management Can Be Bad for You, *Institute of Race Relations*, 46(3).

荒金雅子 [2020]『ダイバーシティ＆インクルージョン』日本規格協会。

有村貞則 [2007]『ダイバーシティ・マネジメントの研究――在米日系企業と在日米国企業の実態調査を通して――』文眞堂。

岩淵功一編著 [2021]『多様性との対話』青弓社。

エドモンドソン、エイミー・C. [2021]『恐れのない組織――「心理的安全性」が学習・イノベーション・成長をもたらす――』英治出版。

太田 肇 [2020]『「超」働き方改革――四次元の「分ける」戦略』筑摩書房〔ちくま新書〕。

尾崎俊哉 [2017]『ダイバーシティ・マネジメント入門』ナカニシヤ出版。

カップ、ロッシェル [2015]『日本企業の社員は、なぜこんなにもモチベーションが低いのか？』クロスメディア・パブリッシング。

経済産業省 [2017]『平成28年度新・ダイバーシティー経営企業100選ベストプラティクス集』.

―――― [2018]『(改訂版)ダイバーシティ2.0 行動ガイドライン』。

厚生労働省 [2018]『平成30年版 労働経済の分析』。

―――― [2019]『令和元年版 労働経済の分析』。

坂倉昇平 [2021]『大人のいじめ』講談社〔講談社現代新書〕。

島津明人 [2014]『ワーク・エンゲイジメント――ポジティブ・メンタルヘルスで活力ある毎日を――』労働調査会。

竹田昌次［2006］「少子化時代の人事労務管理について——幾つかの政策文書の検討を通じて——」『立命館経営学』44(5)。

竹田次郎［2021］「米国流戦略的人的資源管理論（SHRM）の批判的検証と日本への示唆」『社会政策』12(3)。

谷口真美［2005］『ダイバーシティ・マネジメント——多様性をいかす組織——』白桃書房。

───── ［2008］「組織におけるダイバーシティ・マネジメント」『日本労働研究雑誌』574。

東洋経済新報社CSRプロジェクトチーム［2021］『東洋経済CSRデータeBook 2022ダイバーシティ推進編』東洋経済新報社。

中川誠士［2010］「P&G社におけるダイバーシティ・マネジメントについて」『福岡大学商学論叢』54(2・3・4)。

日本経営者団体連盟ダイバーシティ・ワーク・ルール研究会［2002］『原点回帰——ダイバーシティ・マネジメントの方向性——』。

日本経済団体連合会［2020］『2020年版経営労働政策特別委員会報告——Society 5.0時代を切り拓くエンゲージメントと価値創造力の向上——』経団連出版。

───── ［2021］『2021年版経営労働政策特別委員会報告——エンゲージメントを高めてウィズコロナ時代を乗り越え、Society 5.0の実現を目指す——』経団連出版。

野村正實［1993］『トヨティズム——日本型生産システムの成熟と変容——』ミネルヴァ書房。

橋場俊展［2009］「人的資源管理とは何か」、澤田幹・平澤克彦・守屋貴司編著『明日を生きる人的資源管理入門』ミネルヴァ書房。

───── ［2013］「高業績を志向する管理の新潮流——従業員エンゲージメント論の考察——」『名城論叢』13(4)。

───── ［2022］「我が国の従業員エンゲージメントに関する一試論——批判的見解を含む示唆的所論を手がかりに——」『名城論叢』22(4)。

船越多枝［2021］『インクルージョン・マネジメント——個と多様性が活きる組織——』白桃書房。

矢島洋子他［2017］『企業におけるダイバーシティ推進に関するアンケート調査』三菱UFJリサーチ&コンサルティング。

労働政策研究・研修機構［2006］『第4回日系グローバル企業の人材マネジメント調査結果』JILPT調査シリーズ No.24, 労働政策研究・研修機構。

● **参照サイト**

Effectory International, The Global Employee Engagement Index.
  https://www.employee-engagement-index.com/world/engagement-indicate-score/ (2022年7月24日閲覧).

Katz, J. ［2008］ The Engagement Dance: Survey says Indian and Mexican workers are the most involved worldwide.

https://www.industryweek.com/talent/article/21948915/the-engagement-dance（2022年7月24日閲覧）．

竹井善昭［2013］「世界でダントツ最下位！日本企業の社員のやる気はなぜこんなに低いのか？」DIAMOND Online https://diamond.jp/articles/-/30488（2022年7月24日閲覧）。

（**筆者＝**名城大学）

2. ダイバーシティ・マネジメントとワーク・ライフ・バランス
Diversity Management and Work-Life-Balance

平澤　克彦　HIRASAWA Katsuhiko

は じ め に

　労務管理をいかに規定しようとも、資本制企業を前提とする限り、労務管理の具体的なあり方は資本の生産力構造や蓄積構造と密接に結びつきながら、「資本と賃労働の対立・抗争の関係と運動においてその歴史性」[泉　1978 : 299] を与えられてきた。その意味で資本制企業の労務管理は、資本蓄積の構造にかかわる労働力問題のみならず、労使関係の問題と密接に結びついて展開してきた。

　ここ数年、わが国企業の蓄積構造の転換とともにDiversity ManagementやWork-Life-Balance（以下DM, WLBとする）といった問題が企業経営の問題として提起されてきた。もちろんDiversityやWork-Lifeといった問題は、資本制企業の生成とともに古い歴史をもっているかもしれない。けれどもDiversityやWork-Lifeという問題が、わが国において「管理」問題として認識されるようになったのは、少子高齢化の進展、とりわけ労働力不足やグローバル化の展開を契機にしていた。実際、奥林らによれば、「企業活動のグローバル化や少子高齢化により労働人口が減少する社会に向け、あらゆる組織で、性別、国籍、年齢、知識や経験、働き方などにおける多様な人材の活躍を促すマネジメントのあり方が議論されている。すなわち『ダイバーシティ・マネジメント』である」[奥林・平野 2014: はしがき] というのである。

　このようなDMに寄与する施策として提起されているのがWLBである。たとえば佐藤は、DMを「多様な人材が意欲的に仕事に取り組むことができ、それぞれが仕事を通じて経営成果に貢献できるようにすること」[佐藤 2020:1]と把握し、そのための施策の1つとしてWLB支援をあげている。Diversityといい、WLBといっても、このような取組みが経営成果との関連から問われていることを忘れてはならない。実際、ドイツにおける研究によれば、WLBなどの研究の多くが、WLBなどと収益性との関連を研究の重要な課題としているのである。だが、その一方で、DiversityやWLBは、SDGsなどとの関連からも重視されている。

　たしかに資本主義の展開は、地球環境の問題に象徴される問題を生み出し、今日、こうした問題の解決が重要な課題となっている。そのためDiversityやWLBなどの問題がSDGsなどとの関連で問われているのである。けれどもこのような問題が、資本制企業における「経営」・「管理」問題として問われていることを忘れてはならない。そこでまず、欧米の研究をもとに、2つの概念がいかなる問題関心から提起されてきたかを検討することにしよう。

Ⅰ　問題への視座

　一般にDiversityをめぐる議論では、企業において多様な人材が働いていることが、生産性の向上に寄与するとされている。そのためDiversityをいかに活用するかが重要な「管理」問題となる。もっとも多様な人材の就労は、資本主義の成立、とりわけ工場制の導入とともに進められてきた。実際大量生産方式を導入したFord自動車では、多くのアフリカ系アメリカ人が働いていた。[2]だが、多様な人材、とりわけ人種や民族といった差異が意識的に関心を集めるようになったのは、公民権運動（civil rights movement）を契機としていた。

　その意味でDiversityという問題は、差別や不平等といった問題と密接に結びついて提起されてきたといえる [Krell 2007: 8; ILO 2020]。Wrenchによれば、

アメリカにおいてDiversityの問題が「管理」問題として、つまりDMとして追及されるようになったのは、アメリカの人口構成の変化が鮮明になり、組織的な対応が求められた1980年代後半であった［Wrench 2007: 13］。さらにDM展開の背景として、Wrenchは、アメリカ市場の多様化、グローバリゼーションの進展、サービス部門の拡大、さらに経営組織の変化を指摘している［Wrench 2007］。市場ニーズの問題が、生産と消費の矛盾に起因するとすれば、DMという問題提起は、アメリカ企業における資本蓄積構造の変化を背景にしていると考えることができる。実際、蓄積構造の変化とともにチームワークなどの新しい作業組織の導入が進み、Diversityが「管理」問題として意識されるようになったというのである。

そしてDMに寄与するとされるWLB問題も、資本主義の生成とともに生じてきた。とりわけ工場制の成立とともに、家事労働が雇用労働から明確に区分され、Work-Lifeが問題となった。だが、WLBが社会的に問題として認識されたのは、家族形態の多様化とその問題が顕在化してきた1970年代のアメリカにおいてであった［中村 2017］。家族形態の多様化が、いかなる問題を生じさせたのか、ドイツ家族省の研究をもとに検討しよう［Bundesminister für Jugend , Familie und Gesundheit, 1982］。

ドイツ家族省の報告書によれば、1980年当時、両親がそろっていない「不完全な家族」がドイツに66万8000世帯存在していた。こうした家族の家計を見ると、その月収は両親がそろっている家族の6割近く、1400〜2400DMであった。[3] これに対しシングル・マザーの家庭の約6割では、月収は1200DMに満たなかった。家族形態の多様化は、貧困問題と密接にかかわっていたのである。

DiversityやWLBは、今日では人材の活躍や育児・介護支援といった問題として検討されているものの、もともとの問題意識からすれば、差別・不平等や、家族の貧困の克服などと結びついていた。そうだとすればDMやWLBといった問題を分析するさい、差別・不平等や貧困といった問題の解決といった視点がなによりも重視されなければならない［Hansen 2017］。そのためDiversityや

WLBといった問題は、SDGsやESG投資などとかかわって問われることになる。

　周知のようにSDGsは、2015年に国連が提起した、持続的な社会構築のための「国際社会共通の目標」[真嶋 2021：15] である。国連が、このような目標を掲げたのは社会、とりわけ地球環境のあり方に対する危機意識からであり、その意味で目標そのものよりも社会変革という問題意識が重視される［真嶋 2021：小栗 2021］。実際、「SDGsは法的拘束力のない努力目標」[真嶋 2021：24] であり、それにいかに取り組むのかは、政府や企業などにゆだねられることになる。SDGsに明確な規定がないため、「見せかけだけの取組み」[小栗 2021：31] である「SDGsウォッシュ」が生みだされることになる。その意味で「企業におけるSDGsウォッシュを許すことなく、本来のSDGs実現の取り組みを求めていくことが必要」[小栗 2021：39] であろう。だが、現実にSDGsウォッシュとみられる事態が進んでいるのであり、その批判にとどまらず、その現実的な意義を問うことが求められる。

　一般にESGとは、企業や機関投資家などが、持続可能な社会の構築にあたり投資などで配慮すべき要素を意味している。柚木 [2019] によれば、ESG投資という考え方は、企業の社会的責任 (CSR) や社会的責任投資などと密接な関係にあるものの、社会的責任論議の過程で「責任」意識は希薄になり、ESG投資は収益性に傾斜し、いまや「投資を呼び込むための手法」[柚木 2019:82] になっているという。しかもこうした投資手法の拡大とともに、企業側がアカウタビリティに答えられない場合、株価の下落などにより企業買収のターゲットとされるのである。

　この新たな経営手法が、経営者の意識の問題としてではなく、競争を媒介に進められていることを重視して研究する必要があるだろう。本稿の課題は、DMとWLBの人的資源管理における意義を資本蓄積構造の変容との関連において問うことにある。そのさい労務管理を「資本・賃労働関係を資本の運動と蓄積の様式に適合させる理念と政策」[泉 1978: はしがき] と捉え、労働力の問題を中心に検討してゆくことにしよう。

Ⅱ　蓄積構造の変化

　周知のように第二次世界大戦後、先進資本主義国の経済構造を規定してきた
のは、大量生産方式であった。もちろん大量生産方式の導入は、国民の購買力
の向上と結びつきながら、先進国の経済構造を規定していった。大量生産・大
量消費を基調とする再生産構造の確立こそ、第二次世界大戦後の経済構造を決
定づけてきたのである。だが、このような経済構造は、1973年の石油危機を契
機にその矛盾を露呈し、新たな蓄積構造が模索されることになった。

　法人企業統計によれば、金融、保険業を除く全産業の営業収益は、高度成長
初期にあたる1960年度には 2 兆3075億1200万円であったが、石油ショックの直
後の1974年度には、19兆1784億700万円に達し、高度成長期の約 8 倍となった。
だが、1975年度には、前年に比べ 5 兆6000億円程度の減収となり、その後も営
業利益は変動しながらも、停滞を示している。本業の業績を示す営業利益の停
滞とは対照的に、近年、営業外収益が増大し、2020年度には営業利益の80%近
くになっている。

　なかでも重要なのが、「本業以外の財務活動、金融活動で得られた利益、金
融収益」[藤田 2020:133]である。1990年代にはマイナスを示していた金融収益は、
2003年以降プラスに転化し、2018年には 7 兆円にまで増大した。営業利益の停
滞を補完してきたのは、金融からの収益であった。金融収益の大半は、有価証
券、とりわけ株式の取得から生まれたものである。かくして多くの企業が「利
潤を生産の拡大のために現実資本として再投資する本来の資本蓄積に充てない
で、利潤のますます大きな割合を不生産的な金融投資や財務活動に振り向ける
ようになった」[高田 2009:70]のである。経済の「金融化」の展開である。そこで、
経済の「金融化」がいかに企業の行動を変化させたのかを金融機関の事例を中
心に検討しよう。

　銀行が公的な性格をもち政府の監督や法的な規制の下にあるとしても、銀行
は利潤追求を課題とする営利企業である。銀行の利潤は、「固有・付随業務の

活動を通じて得られた経常収入から、収入を得るのに要した営業経費などの経常支出を差し引いた」[渡辺 1984：62] 差額といえる。このような利潤量を規定するのが、金利の水準である。日本政府は、2016年のマイナス金利政策に象徴されるように、低金利政策を展開してきた。

　1950年代中葉からの高度経済成長の時期には、製造業などの資金需要を背景に、資金量の大きさが経営成果を規定してきた。だが、1973年の石油危機を契機とする低成長経済への転換とともに、大企業を中心に財務体質の改善が進められ、その影響から銀行の収益は低迷するにいたった。それとともに銀行の成果を規定するものとして注目されるのが預貸率の変化である。

　日経新聞によれば、2001年3月末に87%あった預貸率は、2021年3月末には58.1%にまで低下している。2000年以降、地方銀行では預貸率はほぼ横ばいで推移してきたのに対し、都市銀行や信用金庫、信用組合では預貸率が大きく低下してきた。銀行収益の大半は、預金の貸し付けから生じる利鞘であるが、預貸率の低下は、貸出金利鞘の低迷により銀行の収益を圧迫するにいたった。周知のように現代企業における利潤の特徴は、自由競争段階の企業とは異なり、企業の存続のために目標として設定されるところにある。ドラッカーは、このような利潤を企業存続のための未来費用と把握し、その内容として取り換え、陳腐化、本来の危険、そして不確実性を挙げている。金利や預貸率の低下により、銀行では目標利潤を達成できない状況が生じているのである。

　図1は、全国銀行協会の財務分析をもとに、主要勘定について利益の推移をみたものである。持株会社レベルでの再編を踏まえ数値は、連結レベルの数値を採っている。一般に銀行利潤は、貸出から生まれる貸出金利息、投資信託の販売手数料などから生まれる役務取引等収益、銀行自身が行う資金運用から生まれる有価証券利息配当金から構成される。銀行では、2000年代初頭から不良債権問題から銀行の基本的な収益であった貸出金利息は悪化し、収益は停滞を示してきた。それに代わって銀行利潤を支えてきたのが役務取引や有価証券利息配当金であった。現代企業の独占利潤が、ドラッカーの提起したように、減

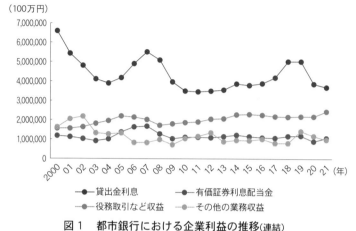

（100万円）

図1　都市銀行における企業利益の推移(連結)

（出所）全国銀行協会『全国銀行財務諸表分析』各年版、連結より作成(https://www.zenginkyo.or.jp/stats/year2 02/ 2022年10月11日閲覧)。

価償却や技術革新のためにその最低限の確保を必要としているとすれば、それに寄与してきたのが役務取引や有価証券利息配当金であったといえる。

　収益構造の変化を規定した要因について考えてみよう。健全化計画履行状況をみると、みずほフィナンシャルグループ（以下、FGとする）では、機械化の進展がみられるものの、物品費は低下しており、店舗の統廃合などにより人員削減が進み、人件費の削減が進んだ。たしかに利潤の確保には、従業員の報酬などのコストの削減が必要とされるものの、銀行利潤のあり方を規定してきた要因として、外国人株主の存在を看過できない。みずほFGでは、外国法人などの比率は、24.06%にすぎないが、三菱UFJ・FG、33.27%、三井住友FGにいたっては34.47%と３分の１を超えている[6]。

　外国法人の保有株式比率の高まりとともに、「株主である大企業、富裕層への最大限の高配当、高株価が要求される」[関野 2017:33] ようになっている。中村によれば、独占体制における目標利潤は、新規設備投資や一定の株式配当を可能にするように設定されるという［中村 1970：121］。株式配当が増大しているとすれば、企業維持に必要とされる目標利益の額は、配当の増加を吸収

するような額に増加することが求められるであろう。実際、三井住友FGでは、2019年の株式配当は、08年の倍以上に膨れ上がっており、配当総額も増加しているのである。しかも外国人投資家の増大は、銀行の配当政策のみならず、株主価値を基軸とする体制に銀行経営を転換させているようにみえる。収益体制の変化が、銀行の組織編成をいかに変化させているかをみることにしよう。

Ⅲ　経済の「金融化」とDiversity問題

　すでにみたように第二次世界大戦後、先進資本主義諸国の再生産構造を規定したのは大量生産体制であった。だが大量生産体制は、1973年の石油ショックを契機にその矛盾を露呈し、新たな資本蓄積のあり方が求められるようになった。周知のように商品の生産は、生産力の発展に規定されるのに対し、商品の消費は、賃金を基盤とする消費力に規定されることになる。石油危機は過剰生産と過少消費を顕在化させ、生産と消費との矛盾を背景に、「価値増殖（金儲け）のための貨幣資本が、さらなる価値増殖の機会を見出せない」[高田 2019: 110]という事態を生じさせた。こうした過剰資本は金融・投機市場で運用されるようになった。このような「機関投資家の資産を管理・運用する業務は、銀行をはじめとする金融機関にとってますます重要な収益源」[高田 2019: 32]となった。

　景気の低迷するなか、こうした過剰資本は、労働組合の弱体化と労働市場の規制緩和を背景とする賃金の抑制などから生み出されるようになった。その意味でパートやアルバイトに象徴される非正規従業員の増加が注目される。実際、銀行では「ハイカウンター業務はパートや派遣社員に移行しており、AIやRPAの導入で後方事務や庶務、本部事務系のさらなる削減」[戸谷 2020:19]が進んでいる。経済の「金融化」の進展とともに、非正規労働者が増大し、Diversity問題が注目されるようになったと考えられる。

　一般にDiversityとして、社会的、文化的な多様性が指摘される [Fuchs 2007]。Diversity研究では、こうした多様性はさまざまな視点から定義され

ている。ヨーロッパでは移民や民族などとの関連から取上げられるのに対
し［Vassilopoulou et al. 2019］、アメリカでは、equal employment opportunity
lawを背景に重視され、そのような視点からDiversityとして、Race, Gender,
ethnicity, age, national origin, religion, disabilityといった項目が取上げられる。
こうしたDMの特徴として、これまでの採用・選考を中心としていたアプロー
チではなく、組織全体の活動を対象に、組織の経済的行動との関連から進めら
れる、「自発的」な活動に求める研究もあると指摘されている［Wrench 2007］。

　だが、奥林らの研究にみられるように、わが国においてDiversityへの注目
が高まったのは、少子高齢化、とりわけ労働力不足を契機としていた。経済の
「金融化」のもとで「労働力不足」問題は、非正規雇用の拡大・多様化、「限定
正社員」、外国人労働者の導入だけでなく、変形労働時間制度の拡大とともに
進展してきたといえる［労務理論学会 2015］。そして、こうした多様な「働き方」
が進むなかでDMが注目されるようになったのである。

　たしかに、外国人労働者の雇用やグローバル・タレントの獲得などとともに、
Diversity問題が注目されてきたものの、日本の金融機関では外国人の雇用は
あまり進んでいない。非正規雇用の問題は、銀行でも以前から進められており、
今日では景気の変動とともに雇用数は変動している。むしろDMの中心的な対
象は、女性、とりわけ正規の女性労働者といわれている。Gender Diversityに
かかわる問題である。さらにいえば厚労省では、ここでの課題であるWLBに
ついても、非正規従業員ではなく、正規従業員の問題として提起されているの
である。すでにみたように、Diversityにせよ、WLBにしても、もともと貧困
や差別の克服を課題で提起されてきたのであり、その意味で非正規従業員にこ
そ大きな意義があるものと思われる。だがDMやWLBの対象としても正規従業
員が取り上げられている。なぜ正規従業員が重視されるのであろうか。その意
味を、考えることにしよう。

Ⅳ　蓄積構造の転換と組織再編

　これまで検討してきたように大量生産を基盤に生み出された過剰資本は、新たな投資先を見出せず、金融・投資市場での運用に向けられた。このことは資本が平均利潤を得ることのできる投資先を見出せないことを意味するが、銀行もその例外ではない。銀行の多くは、集められた預金の運用先を見出すことができず、その結果預貸率の低下となって現れている。こうした過剰資金は、株式などの運用に用いられることになる。資金の運用とともに、銀行の役割となるのが資産運用に関する助言機能である。もちろん資産運用や助言機能の前提となるのが、伝統的な預金と貸出という機能である。銀行のこのような役割を中心に、組織再編と人員配置の問題を見ていこう。

　2022年4月、3大メガバンクは、2023年春の採用計画を発表した。この計画によれば23年度の採用計画は、22年度の採用実績に比べ13％減少し、1100人となる予定だという。この数値は、5年前の採用数の3分の1程度になっている。採用の中心になるのが、「デジタルなど専門人材の採用」[『日経新聞』デジタル版、2022年4月7日]である。『ニッキン』によれば、銀行や信用金庫など157行の2021年度採用計画では、調査対象となった約半数の金融機関で中途採用が計画されており、中途採用を行う理由として、業務のデジタル化や新領域の拡大、さらにコンサルティング業務の強化などが指摘されている。デジタル化の影響とともに、本業の停滞による資金需要の低迷、さらに「金融化」を背景とする資金運用の展開などから金融機関でのコンサルタント業務が進展している。

　すでにみたように金融機関では、企業の資金需要の低迷を背景に銀行などからの借入が減少し、貸出金利息は低迷してきた。そのため各行では、店舗の統廃合や事務業務などのデジタル化が進められてきた。たとえば岩手銀行では、個人向けローン業務のデジタル化が進められ、法人部門がこの業務を担当するようになった。デジタル化の進展は、組織再編をともなって進んでいる。

　なかには顧客のデジタル化を支援するための部署を設ける金融機関もみられ

るものの、業務の「合理化」の手段としてデジタル化を進めている事例が多い。たとえば宮崎銀行では、デジタル化の急速な進展に対応するため、経営企画部に「IT戦略室」が設置され、「ITコース」を総合職のなかに設定し、ITに対応できる理系学部の卒業生などを採用しているのである［西 2020］。

　これまで金融機関では、新規学卒者の多くが、営業店に配属され、営業店で数年の経験を積んでから、本部などに配属されてきた。ところがこうした「デジタル人材」については、これまでの採用・配置などの方法とは異なった処遇が行われている。実際、宮崎銀行では、「デジタル人材」の育成については、人事部とIT戦略室が提携しながら進めていくものの、賃金体系や昇進・昇格などについては、他の総合職と区別することなく、本部の他の部署や営業店への配置も可能であるという。このような「デジタル人材」を専門のコースや職種で採用し、処遇する金融機関もみられるのである。

　わが国の金融機関は、景気の低迷を背景に、収益の確保を保証するような新たな融資先を確保できず、貸出利息収益は低迷してきた。これに代わって注目されるのが、金融ビジネスの海外展開である。わが国では、景気後退による資金需要の低迷にくわえ、日銀のゼロ金利政策にともなう貸出金利の低下により、海外で資金を融資するほうが高い収益を実現できるようになっている。今日では、こうした海外貸出にくわえ、「現地の銀行や金融会社への出資・買収を通してネットワークを拡大する手法」［中野 2016: 80］がとられている。

　実際、インドネシアでは、三井住友銀行がバンクBTPNを合併している。こうした合併は、「大企業を得意とする三井住友FGとリテールに強い現地銀行の連携で、フルバンキング化」［『ニッキン』2022年1月14日号］する構想の下に進められているという。アジアをはじめとする海外ビジネスの展開とともに、三井住友FGでは国際部門の人員が増加している。

　すでに述べたように「商業銀行」業務の中心となる貸出利息収益の低下を補うために、多くの銀行では、投資信託などの販売に重点を置き、さらに有価証券などの運用を進めてきた。こうした投資信託の販売や有価証券運用の展開に

ともなって重視されているのがコンサルティング業務である。もちろんコンサルティング業務は、資産運用だけでなく、取引先のコンサルティングや経営改善の支援、さらに事業承継やM&A、最近では創業支援にも及んでいる。

コンサルティング業務の強化は、組織再編にもつながっている。千葉興業銀行では、業務強化のために営業支援部のなかにコンサルティングサポートディスクが設置され、さらにみずほ銀行では、コンサルティングの強化を図るために、「銀行、信託、証券」の設置する共同店舗や、ライフプラン・アドバイザーやフロントアドバイザーなどを重点的に配置する次世代型店舗などを設置しているのである。とくに後者では、事務部門から営業人材への転換を前提にしているという。実際、みずほ銀行では、「事務員の約３割に当たる3000人程度を、資産運用相談を行う営業職に配置転換」[『金融財政事情』2020年10月5日号：25］しているのである。

「ニッキン」によれば、銀行や信用金庫など157行の2021年採用計画では、調査対象の約半数の金融機関で中途採用が計画されており、採用の理由として、業務のデジタル化や新領域の拡大、さらにコンサルティング業務などが指摘されている。Fintechに象徴されるデジタル化の影響とともに、本業の停滞による資金需要の低迷、さらに「金融化」を背景とする資金運用の展開などから金融機関でのコンサルタント業務が進展してきたと考えられる。

V　Diversity ManagementとWork-Life-Balance

金融機関では、経済活動の低迷や低金利などを背景に貸出金利息が低迷し、それに代わって資金運用やコンサルタント業務が注目されることになった。こうした収益構造の変化は、組織構造の転換をもたらし、新たな人材の需要が増大してきた。そのさい注目されるのが、労働力不足や人材獲得競争の激化から、中途採用だけでなく、新卒の人材を専門分野に配属し、育成・活躍を図っていくという試みである。たとえば常陽銀行では、「年齢や性別を問わず提案型営

業などの強化領域」[『ニッキン』2021年10月１日号] で活躍を進めるために人事制度の改定が行われている。実際、地域金融機関では総合職で採用される女性の比率が高まり、2022年度には43.2%に達している [『ニッキン』2022年６月17日号]。

　このような労働力需要にインパクトを与えたのが、就活生の銀行離れという傾向である。実際、地銀や信用金庫などでは、「大卒男子の採用が極めて難しく」なり、「戦力となるのは、地元志向の女子大生」[三宅 2018:8] となっている。そのさい注目されるのが、女性管理職の増加である。女性管理職の増加は、女性活躍推進が重要な契機であるとはいえ、次のような背景に留意することが必要であろう。信用金庫では、特定の地域で業務を展開しており、さらに「終身雇用慣行」のもとで、ドラスティックな雇用調整を行うことはできず、これまで雇用調整の手段として、新規採用の削減や停止などが用いられてきた。そのため、ここ数年、管理職となる人材が不足し、その不足を埋めるものとして女性が注目されたのであった [Hirasawa 2020]。

　さらにICTの進展や融資の減少などから、店舗数の減少、支店規模の縮小などが進み、管理職としての経験を積むことができない人材が増え、そのため経験のある女性が管理職に登用され、さらに定年した高齢者が女性管理職をサポートするような事例もみられるようになった。実際、愛知の蒲郡信用金庫では、女性の総合職の活躍を推進するために「オフィス次長職」が創設されているという。さらに労働力不足や管理職としての育成が進まないなかで、定年を迎えた高齢者が、支店長になり、女性などがサポートをする事例もみられる。

　これまでみてきたようにわが国の金融機関では、「商業銀行」としての本業にかかわる貸出利息収益が、景気後退を背景とする融資の低迷、貸出金利の低下などとともに減少し、それに代わって役務取引等収益や有価証券利息配当金が増大してきた。収益構造の転換にともない、伝統的なリテール部門の縮小とともに、デジタル分野の強化、国際部門の増大、さらにコンサルティング業務の増強が進められた。組織再編において人材面で重要な役割を担ったのが女性であった。

こうしたなかで紀陽銀行では、女性の継続雇用を図るために育児などにかかわる制度が創設されている［『ニッキン』2022年3月20日号］。DMの展開である。信用金庫などでも、管理職登用の時期にかかる女性職員が退職するのを予防するためにWLBが重要な役割を果たしてきた。実際、資料としてはやや古くなっているが、信用金庫の行った調査を見ると、WLBの取り組みは法律で定められた内容を大きく超えるものではなく、女性の就労継続に寄与するように機能しているように感じられる。とりわけWLBとして重視されてきたのが、育児・介護休暇の法的規定を超える拡充や、育児・介護にかかわる短時間勤務の取り組みであった。WLBの取組みは、管理職や専門職の人材の継続勤務にかかわる施策であった［熊 2017］。

とはいえ金融機関では、「『女性のためにできることはすべて行ったため、もう打つ手立てがない』と感じている人事担当者も少なくない」［矢島 2018：18］という。今日では、むしろ女性のためのキャリア・パスの明確化や、WLBを前提とした「若者やシニア社員など多様な社員」［矢島 2018：21］の活用、つまりDMが重視されているのである。すでにみたように、WLB支援はDMを支える重要な施策であった。けれどもWLBの普及した今日、収益構造の転換を背景とする労働力需要とその活用のあり方を規定する管理制度として、WLBを前提とするDMが重要な役割を果たしているように思われる。

おわりに

みずほFCは、2002年のフィナンシャル・グループの誕生とともにDiversityの取組みをすすめてきたという。そうした取組みの中心とされてきたのが、女性の活躍支援であった。三井住友FGや三菱UFJ・FGでもDiversityの取組みを重視しており、その重要な要素とされているのが女性の活躍支援であった。

ここ数年、わが国でもDiversityへの関心が高まり、意欲的な研究が進められてきた。たしかに、このような研究では経営効率や収益との関連が問われて

いるものの、資本運動や蓄積との関連は重視されてこなかった。本稿での課題
は、労働力の資本主義的活用問題を中心にDMやWLBの意義を資本蓄積との関
連から問うことにあった。

　すでにみてきたように金融機関では、景気の低迷や貸出金利の低下を背景に
貸出利息収入は低下し、それに代わって、国際ビジネスにともなう利息収入や
役務取引等収益、有価証券利息配当金などが重要になった。収益構造の転換は、
組織再編をともない、その運営のために多様な人材が求められた。だが、少子
化とそれにともなう労働力不足を背景に、金融機関、とりわけ地銀や信用金庫
などでは就労場所としての魅力低減のため新規労働力の確保が難しくなったと
いう。そのため多様な人材、とりわけ女性の活用が求められることになったの
である。DMにかかわる問題である。

　日本の金融機関では、すでにWLBに関するさまざまな取り組みが展開され
ており、女性たちのさらなる継続勤務を保証するものとしてWLBを包摂する
DMが求められるようになっている。そうだとすれば、わが国ではDMなるも
のは蓄積構造の転換にともなう労働力の維持・活用を保証する制度として進め
られているといえる。

　本稿では、資本蓄積との関連を重視したため、DMやWLBの具体的な取り
組みに立ち入ることはできなかった。また労使関係の問題を直接対象にできな
かった。今後の課題としたい。

● 注
1 ）この点については本学会の第24回大会の趣旨提案も参照されたい［労務理論学会
　　2015］。
2 ）片山義一［1983］参照。
　　　だが、Ford自動車では、1930年代まで単一の文化を基盤とする組織の構築を課題とし
　　ていたといわれている［Krell u.ä., 2007: 7］。
3 ）ドイツ・マルクはドイツ統一(Wiedervereinigung)前のドイツ連邦共和国の通貨。ユーロ
　　の導入とともに、1ユーロ=1.95583ドイツ・マルクで交換された。
4 ）もちろん労務管理の分析に当たっては、生産力の視点のみならず、生産関係的な視点を

無視できない。本稿では、金融機関における労働運動について検討できていない。今後の課題である。これについては、さしあたり、田中均［2018］を参照されたい。

5）鳥畑によれば、「金融化」とは、「いわば現実資本主義主体から貨幣資本主義主体の経済活動への資本主義的蓄積の構造域変貌を表現する概念」とされている［鳥畑 2015: 112］。

6）各行のホームページによる。

7）信用金庫での筆者の調査によれば、金融機関の力量から外国人を採用している信用金庫はごくわずかだとされている。採用されているのは、中小企業の海外進出にかかわる分野である。

8）もちろん、このことは、これまでDiversityやWLBの研究において、非正規従業員が軽視されてきたことを意味するものではない。なお、非正規従業員を中心に「労働と生活が多様な個人と社会にとって有益な、持続可能なWLIのシナリオを検討」(230)した優れた研究として石井［2021］がある。

● 参考文献

石井まこと ［2021］「非正規労働とワークライフ・インテグレーション」、平澤克彦・中村艶子編著『ワークライフ・インテグレーション』ミネルヴァ書房。

泉卓二 ［1978］『アメリカ労務管理史論』ミネルヴァ書房。

奥林康司・平野光俊編著 ［2014］『多様な人材のマネジメント』中央経済社。

小栗崇資 ［2021］「企業・経済の変革とSDGs」『経済』7月号

片山義一 ［1983］「近代的人事管理と階層的支配構造」『立命館経営学』22（3）。

熊霈 ［2017］「女性の活躍支援とワーク・ライフ・バランス」、平澤克彦・中村艶子編著『ワーク・ライフ・バランスと経営学』ミネルヴァ書房。

佐藤博樹編著 ［2020］『ダイバーシティ経営と人材マネジメント』勁草書房。

関野秀明 ［2017］「アベノミクス成長戦略の欺瞞性」『経済』11月号。

高田太久吉 ［2009］『金融恐慌を読み解く』新日本出版。

─── ［2019］「現代資本主義をどう捉えるか」『経済』11月号。

田中均 ［2018］「メガ・バンクのリストラと労働運動の課題」『経済』8月号。

戸谷圭子 ［2020］「就職不人気の銀行業界、女子学生に敬遠される傾向が顕著に」『金融ジャーナル』10月号。

鳥畑与一 ［2015］「『経済の金融化』とは何か」『経済』12月号。

中野瑞彦 ［2016］「対外M&Aの増大とメガ・バンクの展開」『経済』11月号。

中村艶子 ［2017］「アメリカにおけるワーク・ライフ・バランスと経営」、平澤克彦・中村艶子編著『ワーク・ライフ・バランスと経営学』ミネルヴァ書房。

西美聡 ［2020］「『総合職ITコース』導入で理系学生のエントリーが3倍に増加」『金融ジャーナル』10月号。

藤田宏［2020］「大企業の金融重視経営への転換とアベノミクス」『経済』9月号。

真嶋麻子［2021］「SDGsとは何か」『経済』7月号。

柚木澄［2019］「企業の社会的責任を考える」『経済』9月号。

三宅光頼［2018］「銀行の人事制度の将来像」『金融ジャーナル』9月号。

労務理論学会編［2015］『雇用の大選別時代における人事労務管理』労務理論学会誌第24号、晃洋書房。

渡辺峻［1984］『現代銀行企業の労働と管理』千倉書房。

Bundesminister für Jugend , Familie und Gesundheit［1982］*Familien-freundliche Gestaltung des Arbeitslebens.*

Fuchs M.［2007］Diversity und Differenz, in; Krell,G., Riedmüller, B., Sieben, B. und Vinz, D.［Hgs.］*Diversity Studies*, Campus Verlag.

Hansen, K. hrsg.［2017］*CSR und Diversity Management*, springer Verlag.

Hirasawa, K.［2022］"Labor shortage and Japanese Employment Practices", in; Hirasawa, K., Nakamura, T., Takakubo, Y.［ed.］*Transforming Asian Economy and Business Administration*, BoD Germany.

Krell,G., Riedmüller, B., Sieben, B. und Viz, D.［2007］Einleitung-Diversity Studies als integrierende Forschungsrichtung, in; Krell,G., Riedmüller, B., Sieben, B. und Vinz, D.［Hgs.］*Diversity Studies*, Campus Verlag.

ILO［2020］*Transforming enterprises through diversity and inclusion.*

Vassilopoulou, J., Brabet, J. and Showunmi V.［2019］*Race Discrimination and Management of Ethnic Diversity and Migration at Work*, Emerald.

Wrench, J.［2007］*Diversity Management and Discrimination*, Springer Verlag.

（**筆者**＝日本大学）

3．ダイバーシティ・マネジメントと活躍する女性労働者
Diversity Management and Active Women Workers

木村　三千世　KIMURA Michiyo

は じ め に

　近年は、ITの浸透によりグローバルな企業間競争が激化し、消費者ニーズ
も多様化している。労働者の生活スタイルや労働観も多様化する中、出生率の
低下が止まらず、労働力も減少傾向にある。企業は確実に成果を出してくれる
可能性のある労働者を安定して確保する必要があるため、労働者の働きやすさ
を重視して、成果の出せる労働者の定着率を高めることが喫緊の課題となって
いる。

　そこで、企業に貢献できる多様な人材を確保するためにはダイバーシティ・
マネジメントの考え方も導入し、労働者の就業機会や活躍できる場を広げる必
要がある。対象は多様であるが、本報告においては、最も多数で、即戦力にな
る可能性のある女性労働者を対象として検討することとする。

　女性労働者の社会進出は、世界的な動きがあるときに日本でも法律や制度が
整えられる機会となってきたといえる。しかし、制度を整えても、「女性自身
が責任ある仕事を好まない」「女性はスタッフ業務に向いている」「女性は結婚・
育児で退職するので短期雇用になりやすい」などの固定観念により、長期的な
戦力になりにくいと考えられた女性の能力開発やキャリア開発は軽視されるこ
とが多かったといえる。「男性は社会で有償労働に就き、女性は家庭を守る」、「良
妻賢母」をよしとする文化から来る性別役割分業が浸透している男性中心の組

織を、女性労働者も長期間働きやすい組織にするための制度などについて、まず概観する。

　次に、法律や制度等が整った現在、女性労働者は増加しているが、就職後、将来、昇進するキャリアを目標としてキャリア開発していく男性労働者とは異なり、短期雇用となる傾向にある女性労働者が活躍するためには、どのような環境が必要であるのかを検証する。さらに、性別にかかわらず、すべての労働者がそれぞれの特性を活かして、職業人生を全うするためには、どのような制度を設ける必要があるのかを検討し、女性労働者が活躍している職場環境について現状を明らかにする。

１　ダイバーシティと女性労働者

　ダイバーシティ・マネジメントとは、経済産業省『新・ダイバーシティ経営100選』では、「多様な人材を活かし、その能力が最大限発揮できる機会を提供することで、イノベーションを生み出し、価値創造につなげている経営」と示されている。多様な人材とは、人種、国籍、性別、障がいなどのように識別しやすい多様さだけではなく、時間的制約や価値観のように外見から識別することが困難な場合や状況によって働き方が変化したり、行動様式が異なるなど、従来の日本企業のように同一性を求める組織では受け入れられなかった労働者とも協働するということである。この多様性による様々な視点からアイデアや考え方による提案によって、新たなニーズへも対応が広がることから成果をもたらし、競争力を高めるなど、企業の生産性にも貢献するといわれている。

　2008年をピークに日本の総人口が減少していることは周知のことであり、労働力不足は喫緊の課題となっている。この課題を解決するための労働力として期待できるのが女性労働者である。しかし、ジェンダー・ギャップによる固定観念や時間的制約があることによって活躍できる場に恵まれない人材は少なくない。

Ⅱ　女性労働者の就業とライフイベント

1　女性の社会進出

　男女雇用機会均等法が施行されるまでは、女性労働者は定型業務を担当する事務職として基幹業務を担う男性労働者の補佐業務を行うことが一般的であった。補佐業務のため、昇進の見込めない職務を担当し、昇給率も低く、結婚退職することが当然のこととされ、二十代で退職すると、職務は次の若手女性労働者に引き継がれた。この時代、女性は新卒採用で就職した後、結婚や出産などのライフイベントを機に退職し、専業主婦として家庭責任を負う役割に専念することが一般的であり、定年退職までのキャリアを積むことはほとんどなかった。金融機関では、「幹部候補者である大卒男性は長期雇用を前提に重要業務を様々に経験し、幅広い能力を身につける。高卒男性は担当業務が限定され、女性はそもそも異動が少ない」とも報告されている［駒川 2014］。

　男女雇用機会均等法の施行後には、性別を指定して求人募集することが禁止

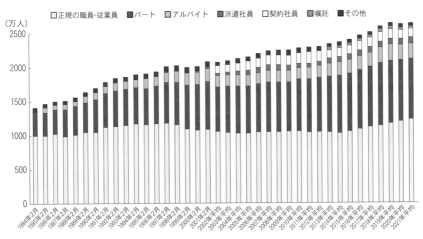

図 1　雇用形態別雇用者数(女性)

（出所）総務省統計局「労働力調査 長期時系列データ」。

されたため、男性は「総合職」として管理監督者候補育成コースの採用とされ、女性は「一般職」として総合職の補佐的定型業務に就くことが一般的であったことも周知のとおりである。さらに、1986年には派遣労働者を活用するための労働者派遣法[1]が制定され、これまで女性が担っていた定型業務を外部の廉価な派遣労働に置き換える企業は増加した。1980年代半ばには、女性が担当していた経理業務や福利厚生業務などの一般事務について、アウトソーシングを利用することが散見された。男女雇用機会均等が進んでも、長期雇用を前提に雇用される男性と異なり、女性は育児をしながらキャリアを積んで職業生活を継続することは困難な状況であったといえる。

　総務省が行っている労働力調査に示されているように、女性労働者が増加しても正規雇用労働者が急増するのではなく、現在は**図1**のとおり半数以上が非正規雇用労働者である[2]。これは育児を理由に退職し、いったん専業主婦となったが、子どもの成長とともに家計補助のために労働市場に復帰し、パートタイム労働者として就業していることが影響しているといえる[3]。専業主婦世帯が減少し、共働き世帯が増加して、1990年代半ばにその数が逆転してからも共働き世帯は増加しており、2021年には世帯の約68%の既婚女性が働き[4]、多くの女性がパートタイム労働者として就業している。こうしたことを背景に労働に応じた公正な処遇とするためにパートタイム労働法が、事業主の努力義務として[5]1993年に制定された。さらに均等待遇・均衡待遇が検討され、2007年5月に改正パートタイム労働法が成立し、2008年4月1日に施行されている。

2　女性の就労継続のための支援制度

（1）女性の就労を支援するための法整備

　育児という視点ではあるが、仕事と家庭の両立支援と働き方の見直しを目的に挙げた「少子化社会対策基本法」が2003年に施行されるとともに、2005年から2025年の期間の時限的措置として、「次世代育成支援対策推進法」が設けられている。これにより、企業は従業員の仕事と育児に関する「一般事業主行動

計画」の届け出が必要になり、企業における仕事と育児の両立支援のさらなる取り組みが促進されている。さらに、育児や介護による離職者を減らすために、令和3年6月に「育児・介護休業法」が改正され、さらに育休が柔軟に取得できるようになった。従来の「パパ休暇」が形を変え、産後8週間以内に4週間まで2回に分けて育休が取得できる「産後パパ育休」となり、育児休業給付金も男女共に同じように受け取ることができる[6]。この改正により、さらに夫婦で育児に取り組むことができる環境が保障されることになる。

(2) 女性活躍推進のためのサポート制度

女性が職場で活躍し、管理職候補となるためには、まず仕事を継続することが必要である。仕事の継続を支援するワーク・ライフ・バランスを支えるための制度の 例を示したものが**表1**である。これは、令和3年度の「大阪市女性活躍リーディングカンパニー」市長表彰[7]において受賞したZ株式会社を傘下とするX株式会社のサポート制度[8]であるが、多くの企業においてもこのような制度が設けられていることが企業のCSR資料等に示されている。

前述したように、女性が仕事を継続できるように採用からキャリアアップまで、政府は法律を整備し、企業も**表1**に示したように様々な支援制度を設け、施策を講じている。しかし、平成になっても女性労働者のワークとライフについては、ライフでの家庭責任や育児がワンオペレーションになっている労働者

表1　ライフイベントをサポートする制度

ライフイベント	サポート制度
結　婚	両立支援制度、復職支援プログラム
妊　娠	出生支援休職、通勤緩和・通勤時間内通院、時間外・休日勤務等免除、パパ・ママ入門セミナー
出　産	産前産後休暇、配偶者出産休暇
育児休業	育児休業、復職支援セミナー
復　職	休職者・復職者面談
育児との両立	子育て支援休暇、看護休暇・育児看護休暇、育児勤務（短時間勤務）、時間外・休日勤務等免除、育児勤務者面談、社員・スマート社員・パートナー社員間転換制度利用
キャリアアップ	育児両立キャリア面談シート、自宅学習ツール、キャリア研修

（出所）X株式会社より情報提供.

は珍しくはなく、担当するワークについてもやりがいが感じられない職務に就かざるを得ないケースが多々発生していた。これらに対応し、女性も男性と同じようにキャリアが継続できるために働き方改革の中にも女性の活躍推進に必要な男性の関わり方も盛り込まれたが、現在、男性の働き方や家事・育児への関わり方が問われている。男性が女性の職場復帰を育児から支援するピジョン株式会社の１カ月間有給で育児休業を取得することが可能な制度「ひとつきいっしょ⁹⁾」は、政府の政策に先駆けて2006年から実施されている好事例である。

　帝国データバンクの調査による¹⁰⁾「男性の育休取得に関する推進状況」に関する質問に対して、「積極的に取得を推進している企業」は9.5％、「今後推進する企業」は41.1％となり、合わせて約半数の企業が男性の育休取得推進に前向きに考えていることが示されたが、「特に何もしない」と回答した企業が39.5％を占めている。男性の育児休業について「規模の小さい企業では育休などによる不足人員を埋めるのは、金銭的に厳しい」や「育休の影響によって派遣社員の雇用など期間限定の補充も視野に入れているが、復職後の時短勤務も会社および社員にとって負担が大きい」などの人員が不足するという人員面に対する課題をあげる意見が少なくない。このような場合、女性労働者の育児期間にキャリアが中断してしまう可能性は高い。仕事キャリアの中断期間を短くするために、ライフイベントにより育児休業の制度として、ダイキン工業株式会社のように育休から早く職場復帰をする施策¹¹⁾が使いやすくなっているのも好事例といえる。

Ⅲ　女性労働者の管理職としての活躍と課題

1　ライフイベントと就業意識

（1）女性労働者のキャリア展望

　将来のキャリアを展望する場合、男性は企業に就職する際、内定を手にしたときから、定年退職までどのように昇進してキャリア形成していくかというこ

とを主観的ながらイメージすることができるが、女性は就職活動を始める時点で、入社した後に想定されるライフイベントを予測し、仕事と育児の選択と両立について考えていることが多い。職場の雰囲気や上司の職業観等によって、結婚・出産により離職を余儀なくされることが報告されていること[12]からもわかるように、出産した女性労働者は、出産後、職業生活の保障と保育所入園のメドが立って初めてキャリア開発について考えることができるといえる。さらに昇進することや、管理職になること等をキャリア目標として将来を展望するには、克服すべき課題がいくつかあると考えらえる。

　日本企業は長期にわたる人材育成を行うため、男女雇用機会均等法が施行されても、労働者が入社後、責任の伴う、やりがいのある業務が担当できる頃、女性労働者は出産・育児期間に入ってしまうことが少なくない。やりがいのある仕事を担当できない状況下で、仕事と育児の両立を考えた場合、「やりがいのない仕事」のために「守るべき子ども」を犠牲にすることに疑問を抱き、育児に専念することを選択した結果、女性は短期雇用となってしまうのである。

　「女性活用と両立支援に関する調査」において、労働者が今後の働き方で重視することの上位から５つを挙げると、女性は「勤務時間、残業時間の面で、家庭生活と両立しやすい」、「賃金が高い」、「雇用が安定している」、「長く働ける」、「興味が持てる仕事である」であり、男性は「賃金が高い」、「長く働ける」、「雇用が安定している」、「興味が持てる仕事である」「勤務時間、残業時間の面で家庭生活と両立しやすい」となっている[13]。この調査においても、女性は常に家庭生活との両立を考えながら働いていることが示されている。

（2）就業意識に生じるジェンダーバイアス

　一般的に女性はリーダーや管理職になりたくない人が多いとも言われることがあり、リーダーの経験をする機会を逃す傾向にある。これは女性の資質であると、従来から指摘されることがあり、「男性は仕事、女性は家庭」ということが当然の役割として、親から子に引き継がれているようである。女性は働き続けることができる働きやすい職場であることを重視し、「ライフイベントと

両立ができること」に着目しながら「出産後のキャリアがイメージできない」
状態で就業しているといえる。

　男女雇用機会均等法が制定され、採用時に男女を区別することなく採用され
ても、女性は女性に向いているとされる事務や総務的な業務を長期間担当させ
られることが多く、現在もその傾向が完全に払拭されたとは言い難い。2003年、
政府の政策により、女性の活躍を推進し、それを可視化できるように2020年ま
でに女性管理職を30％にするという目標を達成するために女性を管理職に登用
する企業は増えつつあるが、未だに達成できていない企業は多い。これは「責
任ある仕事に就くのを嫌う」「役割を遂行できる能力がない」「家庭責任とのバラ
ンスが取れなくなる」などの理由から、女性は管理職になりたがらないという
ことが調査から述べられることがある。

　21世紀職業財団の調査によると、「管理職になりたくない」女性労働者は、
49.1％であり、「わからない」は31.4％である。管理職になりたくない理由とし
て、「責任が重くなるから」42.8％、「仕事と家庭の両立が図れる自信がないから」
39.6％、「今のままで特に不満がないから」36.4％、「大変そうだから」30.8％
が挙げられ、その他の調査においても、「仕事と家庭の両立が困難になるから」
「自分には能力がないから」「責任が重くなるから」「仕事の量が増えるから」「長
期間勤める気がないから」「身近にロールモデルがないから」などが管理職にな
りたくない理由として挙げられており、女性特有の理由として「仕事と家庭の
両立が困難になるから」という理由がある。一方、管理職になりたい理由とし
て「やりがいのある仕事ができるから」55.5％、「職業人として成長するから」
51.5％、「賃金等処遇が改善されるから」44.0％ということも示されている［21
世紀職業財団 2005］。

　男女雇用機会を均等にして、女性がライフイベントによって離職しなくとも
よい施策を導入するために法整備が進んだが、責任ある仕事を担当して経験を
積む時期に育児が発生しやすいため、この期間にアンコンシャス・バイアス
による従来のステレオタイプの発想からの配慮や男性の好意的性差別に気づか

ず、役割責任を軽減したり、マミートラックに繋がる職務を割り当てることにより、やりがいのある仕事が与えられず、能力開発の機会も奪い、キャリア開発が進まないことがある [21世紀職業財団 2015]。この結果、女性労働者は男性労働者と比べて経験が少なくなり、職場の都合と労働者の事情によってキャリア開発ができず、昇進の機会に恵まれないこともある。この状態を解消して女性の昇進意欲を高めるために、自己効力感や自信を高めるチャレンジングな仕事や昇進に結び付く機会を作り、上司などから信頼・承認して仕事を任されることが必要であると述べている報告が少なくない。そこで、ライフイベントが想定される新入社員には、なるべく早期にチャレンジングでやりがいのある仕事を体験する機会を設け、キャリアの基礎を養成する必要がある。

2　女性活躍推進に向けて

（1）女性のライフイベントと就業状況

　既婚女性の職業復帰について、厚生労働省が５年に１度実施している「21世紀出生児縦断調査（平成22年出生児）」からも確認することができる。出産１年前の女性労働者のうち、正規雇用であったのは38.1%、パート・アルバイトは19.2%であった。これが出産半年後には正規雇用は25.4%（パート：5.8%）となり、出産１年半後には24.3%（12.0%）、２年半後、３年半後はともに23.7%（16.0%、19.5%）であり、４年半後には24.7%（25.6%）となり、それ以降は0.5～1.0ポイントずつ増加し10年半後には29.1%（43.3%）となって、出産前に正規雇用であった人の約76%が正規雇用として復帰し、非正規雇用は就業前の倍以上の就業率となっている。その結果、何らかの職業に就いている女性は72.4%となっており、10年間の育児支援環境の変化なども影響していると考えられる。

　また、2001年に出産した正規雇用であった女性労働者は約40%が10年を通して正規雇用であったのに対して、2011年に出産した正規雇用女性労働者は出産後の10年を通して約55%が正規雇用労働者であった。パート・アルバイトについては、出産後、年を経るごとに職場復帰している者は増加し、2001年出産し

た労働者より2011年出産した労働者の方が、毎年約10ポイントずつ就業率が上がっていることが報告されている。さらに、育児に対する制度に加え、イクボス育成プログラム[15]なども導入し、年々、仕事と育児の両立がしやすくなっていることが示唆されている。

(2) 女性の活躍推進

2003年、政府は「2020年までに女性管理職割合を30％程度になるよう期待する」としていたが、**図2**に示した厚生労働省発表の「役員別女性管理職割合の推移（30人以上）」によると、管理職に占める女性の割合は目標に届いていない。これに対応するために、2016年4月に女性活躍推進法[16]が施行されている。

女性活躍推進法では、2016年4月1日から国・地方公共団体、労働者数が301人以上の大企業は、① 自社の女性の活躍に関する状況把握・課題分析、② その課題を解決するのにふさわしい数値目標と取組みを盛り込んだ行動計画の策定・届出・周知・公表、③ 自社の女性の活躍に関する情報の公表を行うことを義務付けている。この際、300人以下の中小企業には努力義務とされていたが、2022年から男女の賃金差などの公開情報が増えるうえ、101人以上の企業も情報公開が義務となることから、制度の見直しが必要となる企業も少なくない。

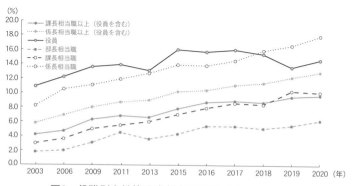

図2　役職別女性管理職割合の推移（企業規模30人以上）

（出所）雇用均等基本調査。

表2　企業における女性管理職比率

	① 化粧品 S社					② 金融 X社				
	従業員数	管理職	部長以上	役員	管理職比率	従業員数	管理職	部長以上	役員	管理職比率
男　性	2,034	305	25	18	15%	9,295	3,171	1,921	78	34%
女　性	2,210	149	18	11	7%	9,016	1,307	214	10	14%
合　計	4,244	454	43	29	11%	18,311	4,478	2,135	88	24%
女性比率	52.1%	32.8%	41.9%	37.9%	－	49.2%	29.2%	10.0%	11.4%	－
	③ 繊維 A社					④ 建設 B社				
	従業員数	管理職	部長以上	役員	管理職比率	従業員数	管理職	部長以上	役員	管理職比率
男　性	658	224	65	31	34%	11,354	4,122	1,209	22	36%
女　性	4,477	82	8	2	2%	3,717	112	11	3	3%
合　計	5,135	306	73	33	6%	15,071	4,234	1,220	25	28%
女性比率	87.2%	26.8%	11.0%	6.1%	－	24.7%	2.6%	0.9%	12.0%	－

（出所）東洋経済新報社［2022］より筆者作成。

　毎年実施されている「女性が活躍する会社ベスト100」［日経PB 2022］の上位に挙がっている企業2社①②に加え、女性労働者数が多いが部長以上の女性管理職比率は低い企業③、女性労働者が少ないから女性管理職比率も低い企業④を例示したものが表2である。女性労働者が全社員に占める割合が多くとも、管理職は男性の方が多い企業は珍しくない。また、管理職といえども、組織の意思決定に携わるのではなく、指示命令に従って職務遂行している場合もあり、女性に限らず管理職の定義は企業によって異なることに注意が必要である。

Ⅳ　ダイバーシティ・マネジメント事例

　多様な労働者が得意な分野で活躍できる環境を整えるためにワーク・ライフ・バランス施策を導入することはCSRの視点からも一般的なことになっている。しかし、女性労働者が育児などをワンオペレーションで対応した場合は、育児休業期間が長くなったり、短時間勤務期間が長期化したりすることになるため、同期入社の男性に比べて経験できる業務が限られることから、担当できる業務も限られ、昇進・昇格も遅くなる傾向にある。

表3　女性キャリアアップのための女性社員の意識改革研修

	実施策	目的等	効果
部長層	メンタリング制度	・対象は新任女性管理職層とし、女性管理職層を増加させていくためのマインド面や実務面でのサポート ・斜めのネットワーク作り	視野拡大
マネージャー層	マイキャリア研修（アドバンス）	・経営層登用に向けたキャリア意識の向上と動機づけ ・コミュニケーション力・マネジメント力のレベルアップ	経営層・マネージャー登用候補者の母集団形成
	ネットワーキングセミナー	・ネットワーク形式と自身のマネジメントの振り返り ・ロールモデル（上位職層）との交流 ・銀行・グループ会社間の交流により相互理解を深める	
担当層	マイキャリア研修（ベーシック）	・マインドセット・キャリア意識の醸成 ・マネジメントスキルの体得と実践 ・インターバル形式での相手を動かすためのマネジメントスキルの実践	マネジメント層への意識改革

（出所）X株式会社より情報提供。インタビュー（2022年7月）資料より。

　また、女性が管理職になる場合には、これまで述べてきたように、女性の多様な不安や全労働者にジェンダーバイアスなどが生じることがないように意識改革を行うことも含め、職位が変わることから必要になる知識やスキルの習得のために様々な取り組みを企業では行っている。X株式会社では、女性のキャリアアップのために女性労働者の意識改革として、上記**表3**に示した研修を行っている。さらに、働き方改革を実現するために、全労働者に対して、経営トップのメッセージを発信し、管理職・社員の意識改革を行うことによって、全社員の意識を高めるという取り組みが行われている。

おわりに

　従来の活躍する女性管理職は少数の特別な存在であった。しかし、現在、ライフイベントに左右されることなく仕事を続け、多様な経験をして管理職候補としてキャリアアップする女性労働者が増加している。さらに女性活躍を促進するために、ワーク・ライフ・バランス施策を充実し、ジェンダーバイアスの

意識を払拭して、ダイバーシティ・マネジメントを実践することが求められている。その一環として、男性中心文化が浸透していた職場で、すべての労働者が仕事とライフイベントを両立できる施策が浸透してきていることから女性労働者の離職も減少している。

　しかし、育児支援施策として、育児休業を最長2年取得し、さらに短時間勤務制度を育休期間に加えて毎日2時間としてひと月40時間を1年間利用すると、通常勤務労働者より労働時間が短くなるうえ、さまざまな職務体験の機会が減少することから職業キャリアが停滞する状況となる。さらに、女性管理職のロールモデルは少なく、人間関係も構築しにくい状況下で、参考にする経験談を聞く機会もないため、管理職は身近な目標になりにくかったといえる。

　このような状況を解消するために、**表3**に示した研修や多様な仕事が経験できる機会を設け、さらに全社員のジェンダーバイアスに対する意識改革を行い、女性労働者も責任のある仕事を任されるようになれば、やりがいを感じながら継続して働き、女性も男性と同じようにキャリアを積んでいくことができる。それを実現しやすくするために、希望に応じて一般職の女性労働者が総合職へ転換しやすく制度を整える企業は増加傾向にある。

　女性活躍推進のために、育休の期間を短くすることも効果的であると考えられる。育休から職場復帰する際、短時間勤務を女性だけに限定せず、1日4時間の半日勤務を認めたり、育休中でも一定時間までの就業であれば育児休業給付金を受けることができたり、育休期間を短縮できる支援制度の選択肢を増やせば、早い職場復帰が期待できる。さらに、**表3**に示したような研修システムを政府が構築して企業に提供したり、一定の基準を満たした組織には法人税において優遇措置を設ける等、企業がライフイベント中労働者に対する支援を後押しする政府の制度があれば、女性の活躍は推進されることになるであろう。

　以上のとおり、政府や企業の施策に支えられ、男性も女性と同じように育児関連制度が利用でき、女性も男性と同じようにチャレンジングな仕事の経験が得られるようになって初めてダイバーシティ・マネジメントが実践できたとい

えると考えられる。

謝辞

このたびの報告にあたり、労務理論学会会長、第32回全国大会実行委員長・事務局、編集委員の先生方はじめ関係各位にはたいへんお世話になり、コメンテーターを務めてくださった脇夕希子先生には貴重なコメントなどをいただきました。この場を借りて心より感謝申し上げます。

◉ 注

1) 労働者派遣法：2012年以降は派遣労働者を守るための「保護」を中心とした改正となり、規制の強化や派遣労働者の待遇改善推進となっているが、2012年より前の改正は派遣業務の追加や緩和であった。

2) 総務省統計局「労働力調査 長期時系列データ」, (https://www.stat.go.jp/data/roudou/longtime/03roudou.html#hyo_9, 2022年2月21日閲覧)。

3) 女性の非正規雇用労働者の増加は総務省統計局「労働力調査」、出産後の女性労働者のパートタイムとしての労働市場参入は厚生労働省による「21世紀出生児縦断調査」に示されている。

4) 総務省統計局「労働力調査」によると、2021年調査では、専業主婦世帯566万世帯、共働き世帯1247万世帯（女性の非正規雇用労働者は53.6%）となっており、1984年の専業主婦世帯は1054万世帯、共働き世帯は721万世帯（女性の非正規雇用労働者29%）である。

5) 正式には、「短時間労働者の雇用管理の改善等に関する法律」という。

6) 厚生労働省「育児休業や介護休業をする方を経済的に支援します」、「育児・介護休業法」の改正は、2022年4月1日から3段階に分けて施行。「産後パパ育休」は2022年10月1日から実施。

7) 大阪市［2021］。大阪市は「意欲ある女性が活躍し続けられる組織づくり」「仕事と生活の両立（ワーク・ライフ・バランス）支援」「男性の家庭参画」を積極的に推進する企業等を「大阪市女性活躍リーディングカンパニー」として認証する事業を実施。優れた取り組みを行っている企業等に市長表彰（最優秀賞、優秀賞、特別賞）を行っている。
調査項目：大阪市［2019］

8) インタビュー資料（2022年7月現在）より。

9) 全男性従業員が配偶者の出産時にひと月の育児休暇を必ず取得しなければならない制度。

10) 帝国データバンク、「女性登用に対する企業の意識調査（2021年）」、調査期間：2021年7月15〜31日、https://www.tdb.co.jp/report/watching/press/pdf/p210805.pdf（2022年2月13日閲覧）

11) 木村三千世［2018］「ワーク・ライフ・バランスを実現するための日本型ワークシェアリング」の調査において、企業はまず時間配慮支援を実施し、資金力のある企業は手当や

保育所の設置を検討するが、時間配慮のみの企業が一般的であった。この聞き取り調査の際、時短制度を使うのもまわりの雰囲気に影響されることが伺えた。

12）寺村［2022］など。

13）労働政策研究・研修機構［2020］。30〜99人、100〜299人、300人以上に分けて結果が出されているが、平均を目安に述べている。

14）厚生労働省「第11回21世紀出生児縦断調査（平成22年出生児）」
https://www.e-stat.go.jp/stat-search/files?page=1&toukei=00450050&tstat=000001059174（2022年5月20日閲覧）

15）厚生労働省でも啓蒙のために「イクメンのススメ」(2022) を発行している。https://roumu.com/pdf/2022021413.pdf

16）正式には「女性の職業生活における活躍の推進に関する法律」という。

17）社内託児所の開設、早期復帰手当支給、保育園入所補助金、ベビーシッター補助金など。

● **参考文献**

駒川智子［2014］「性別職務分離とキャリア形成における男女差——戦後から現代の銀行事務職を対象に——」『日本労働研究雑誌』648。

寺村絵里子［2022］『女性の仕事と日本の職場——均等法以降の「職場の雰囲気」と女性の働き方——』晃洋書房。

東洋経済新報社［2022］『Data Bank SERIES 2022【雇用・人材活用編】CSR企業総覧』。

日経PB［2022］「企業の女性活用度調査」『日経WOMAN』6月号。

大阪市［2019］「企業における女性活躍推進に関する調査」
(https://www.city.osaka.lg.jp/shimin/page/0000511141.html、2022年4月10日閲覧)。

———［2021］「令和3年度大阪市女性活躍リーディングカンパニー市長表彰の受賞企業」
(https://www.city.osaka.lg.jp/shimin/page/0000558836.html、2022年4月10日閲覧)。

21世紀職業財団［2005］「女性労働者の処遇等に関する調査」(https://www.jiwe.or.jp/research-report/archive/2005treatmentoffemaleworkers-chosa-2、2022年5月20日閲覧)。

———［2015］「若手女性社員の育成とマネジメントに関する調査研究」
(https://www.jiwe.or.jp/application/files/2514/6043/8679/00chousa2015_zentai_.pdf、2022年5月20日閲覧)。

労働政策研究・研修機構［2020］「女性活用と両立支援に関する調査」
(https://www.jil.go.jp/institute/research/2020/documents/0196.pdf、2022年4月24日閲覧)。

（筆者＝四天王寺大学）

1．統一論題報告を振り返る

脇　夕希子　WAKI Yukiko

はじめに

　第32回統一論題は、「ダイバーシティ・マネジメントと人事労務管理」をテーマに、2022年7月31日、拓殖大学にて対面とオンラインのハイブリット形式で行われた。

　今大会の趣旨文に記されているように「日本では、少子高齢化を背景として、多様な人材活用や働き方の多様化が進む」。すなわち青壮年期の男性正規社員がオフィスで働く働き方が、高年齢者、女性、外国人、障がい者などの正規・非正規社員がオフィスやテレワークで働く。または雇用されず（起業家）働く働き方へと広がっていることを意味する。

　まずは本稿でのダイバーシティ・マネジメント（以下、DMと略記）の定義、および歴史的背景を整理する。DMとは多様な人材を組織の中で活用し、パフォーマンスを向上させるマネジメント手法である。DMは米国が起点と考えられており、その始まりは1960年代の公民権法まで遡る。公民権法第七編で雇用の分野において人種や民族、肌の色、性別による雇用差別を禁止した。それ以降、米国では法律順守、差別是正の観点から組織の中にマイノリティが雇用されていく。しかし当初は、組織の中で彼らを活用する視点は欠落していた。その後1980年代ごろには、将来の米国の人口構成で白人、男性が減少し女性やヒスパニックが増加するという報告書や顧客ニーズの多様化の影響を受け、企業は多様な人材を活用する視点が生じる。しかし、彼らは限定的に活用されていた（女性顧客向けの商品開発に女性従業員を配置するなど）。その後多様性は価値の

源泉であると考え、企業は限定的な活用から従来のビジネス方法や人事制度の変革し多様な人材を活用する。

　日本に目を向けると、DMは雇用機会を拡大する可能性があるものの、女性を中心に行われている。また、非正規労働の働き方が多様な働き方という言葉で不利益な取り扱いにもかかわらず、素晴らしいものと置き換えられる危うさをはらむ。このような視点から、第32回統一論題のテーマが設定され、3報告が行われた。以下では、報告順ではないがそれぞれの報告を振り返りたい。

I　ダイバーシティ・マネジメントとワーク・ライフ・バランス
——平澤克彦報告を中心として——

　日本のDM研究・企業の取組は、女性に焦点を当て、彼女らの就業継続や管理職登用を目的に実施される。女性従業員は出産や子育てなどを配偶者よりも重く担いがちであり、それらを理由に退職してしまう傾向が男性従業員よりも高い。ゆえに、女性が就業継続を行うにはその状況に合わせたワーク・ライフ・バランス(以下、WLB)施策が不可欠である。このようにDMとWLBの関りは深い。平澤報告はDMとWLBを射程におき、それぞれが議論されるようになった背景を報告書や産業蓄積構造の変化から考察する。

　平澤報告では、WLBの背景をドイツ家族省の報告書から紐解く。家族形態が多様化し、ひとり親 (シングルマザー) の貧困問題が顕在化するようになる。そのため、女性の就労と生活の両立を問うWLBの問題が生じてきたのである。他方、DMの背景には大量生産・大量消費を基調とした企業の資本蓄積が営業外からの収益、とくに金融収益による資本蓄積へとシフトしたことをあげる。そうした中、株主への配当比率は増加するが、従業員に支払われる人件費は低下し、その要因の1つとして非正規従業員の増加を挙げる。こうした状況からダイバーシティの問題が発生する。しかし、日本のDMやWLBの対象者は非正規社員でなく正規社員を対象としたものが多い。

　こうした経済の金融化以降、日本では、専門的・技術的従事者やサービス従事者、女性においては女性管理職が増加する。金融機関で見ると、経済の金融化を背景にコンサルタント業務が進展し、その人材を中途採用だけでなく新卒で採用した人材も育成し配置していった。同時に女性の活躍が期待され、一般職の廃止などで総合職での女性行員が増加する。その結果として金融機関では女性の就業継続、その後の管理職登用に向けたWLB施策が行われていく。これらを理由に、日本において非正規社員を対象にしたDMではなく、女性を対象にしたDMが進み、WLB施策が深化する。しかし、両者が議論される根本理由（差別や不平等の是正、貧困問題）が軽視されているとの危機感も示されている。

　平澤報告は、産業構造、資本蓄積構造の変化が企業で働く従業員のダイバーシティやWLBに影響を及ぼすことを明らかにしており、そうした側面から日本のDM研究の対象者や取組内容が現れることを示している。

Ⅱ　ダイバーシティとエンゲージメント
——橋場俊展報告を中心として——

　橋場報告は、ダイバーシティとエンゲージメント（従業員エンゲージメント（以下、EEと略記））に焦点を当て、それらは正と負の両方の側面があることを主張する。

　ダイバーシティの負の側面に関して、橋場報告では、法律順守が企業によって簡便な選択肢を取るのではないか、人種的な排除や差別の問題が希薄化し、それらの問題解決が後退するのではないか、道徳的・倫理的視点が失われビジネスにとってかわるのではないか、多様性の名のもとに、差別が温存される危険性を指摘している。Thomas & Ely [1996] は、米国企業での多様な人材の雇用に関するパラダイムシフトを述べ、それぞれのパラダイムシフトの問題点を示す。第1パラダイムは1960年代の公民権法など、法令順守のため多様な人材を組織が採用する。しかしこの時期は多様な人材を雇用することが目的であり、彼らを活用するという視点が欠けていた。第2パラダイムは、前述したとおり、

1980年代ごろに将来の米国人口構成の変化である。これらにより、組織は多様な人材を企業で活用する認識が生じる。しかし、多様な人材の活用は限定的であり、違う部署や仕事に異動することは難しい。また、多様な人材は、配置されている仕事がなくなれば、解雇されるのではないかとの恐れがあった。橋場報告の指摘はThomas & Ely［1996］で指摘した問題点と共通する部分があり、日本においてはDMで提示されている課題が今なお現存している考えることができる。

　EEに関しては、EEの向上がワーカホリックやバーンアウトにつながる可能性を指摘している。報告にあるように、日本人従業員のEEは低い現状があるにもかかわらず、長時間労働やメンタルヘルス問題を抱えている。そのため、EEの向上はより長時間労働のワーカホリックやその結果のバーンアウトにつながる可能性が否定できない。したがって、EEの向上は結果的従業員に負の影響を与える可能性がある。この点は、今後日本の研究課題、企業の取組課題になってくるだろう。

　DM、EEの進展には、公正な人事制度や報酬、充実した教育訓練、適材適所等の洗練されたHRMとWLBの推進、そして心理的安全性の構築が鍵である。エドモンドソン［2021］では心理的安全性を「みんなが気兼ねなく意見を述べることができ、自分らしくいられる文化」(p.15)　と説明する。自分の意見が発言できるということは、EE促進の促進要因の一つであり、従業員の所属感にも影響を与えよう。

　以上より、橋場報告はDMやEEの負の側面が与えうる影響を検討し、必要とされるHRMの取組を提示している。これらの点は今後のDM、EE研究への示唆を与えよう。

Ⅲ　ダイバーシティ・マネジメントと活躍する女性労働者
——木村三千世報告を中心として——

　日本におけるDM研究は前述の通り、女性を対象としたマネジメント研究が

多い。

　日本における女性の年齢階級別女性労働率の推移をグラフで示すと、M字型カーブを描く。なぜなら、20歳代後半より結婚や出産で非労動力化するが子供が成長した30歳代後半よりまた労働力化するためである。このM字型カーブは年々、M字の底が上昇し、その底の年齢層も高くなっている。以上のことから、脇［2018］は女性の労働力率は年々上昇し、結婚・出産期でも働き続けている、働く意思のある女性が増えていると述べる。雇用形態は結婚や出産などで退職するまで正規社員として従事する女性が多いが、退職後再就職する際は非正規社員として従事する女性が多い。したがって、女性労働者は正規社員として長期雇用を前提に働く、自身のライフスタイルに合わせて働き方を変えるなど、様々な価値観で仕事と生活の両立を選択しており、キャリアの選択肢は多数存在する。

　木村報告は上記のような女性の現状を鑑み、自身の価値観やライフスタイルに合わせて働く女性、すなわちダイバーシティを焦点に、日本の雇用に関する法律が女性の就業にどのように影響を与えてきたのかを考察する。

　1986年に施行された男女雇用機会均等法は、公正な取り扱いに向けて1999年、2007年、2014年、2017年、2020年に改正する。改正を経ながら、雇用の分野において、性別で異なる取り扱いをしてはいけないという価値観を日本人に芽生えさせるものとなっただろう。また2005年に施行された次世代育成支援対策推進法は家族だけでなく企業や地方公共団体も包含して次世代を育成することを目指すため、女性の就労継続に繋がると木村報告では分析する。しかし、両法が整備されても女性労働者の育児期間中にキャリアが中断する現状がある。女性の家庭責任が男性と比較して重いこと、女性のキャリアの選択肢が多様化していることにより、仕事と生活の両立ができるなど自身の生活基盤の安定が保障された後、管理職や仕事上でのキャリア開発を意識しているためである。したがって、木村報告では早くからキャリアを意識させる取り組み、例えば早くからやりがいのある仕事、チャレンジングな仕事を与え、意識させる必要性を

指摘する。

　この視座を受け、女性従業員の就業継続に向けた仕事の進め方や与え方の研究が進むだろう。仕事の与え方の変化は、企業の人的資源管理（昇進、賃金など）にも影響を与え、取組の人事制度の修正をもたらす可能性がある。また、管理職になるにはある程度の勤務年数が必要となるため、女性の就業継続に向けた研究は将来の管理職登用の問題にも繋がろう。

お わ り に

　日本のDM研究やその取組は、資本蓄積構造、日本の雇用に関する法律、DMに影響を与えるワーク・エンゲージメント、人的資源管理など様々な視角から分析され、研究が蓄積されている。しかし、DMやWLB研究は倫理性や公正性の観点が起点であり、ビジネスの観点を重視しすぎて、それらの観点が置き去りにされてはならない。

● **参考文献**

Thomas, D.A. and Ely, R. J. [1996]"Making Different Matter: A New Paradigm for Managing Diversity" *Harvard Business Review,* Vol.74, Issue5, pp.70-90.

エドモンドソン、エイミー・C. [2021]『恐れのない組織「心理的安全性」が学習・イノベーション・成長をもたらす』英治出版。

脇夕希子 [2018]「日本の雇用に関する法律の影響による企業の雇用者に対する管理の変化——ダイバーシティ・マネジメントの分析視角を踏まえて——」『経営研究』（大阪市立大学紀要）68(4)、57-76ページ。

（**筆者＝九州産業大学**）

統一論題プレシンポジウム

1. 日系ブラジル人労働者と業務請負業者
——島根県出雲市を例に——

Japanese Brazillian Labor and The Contractor
—The Case of Izumo City

植木　洋　UEKI Hiroshi

はじめに

　法務省出入国管理庁の「在留外国人統計」によると、2021年6月現在、日本に中長期に在留する外国人の数は約282.4万人に達している。コロナウィルス感染症の影響もあり2019年の293.3万人と比べると約2.2％減少しているものの、約20年前の2000年と比べると約1.3倍増加している。在留外国人に付与される在留資格のうち、最も多いものが「永住者」であり81.8万人（29.0％）にのぼる。また、「定住者」や「日本人の配偶者等」も含めた「身分・地位に基づく在留資格」を有する者の数は120.1万人（42.5％）に及んでいる。

　日系人の多くは「身分・地位に基づく在留資格」を有している。そのなかでも日系ブラジル人は、バブル景気による労働力不足を補うための1990年「出入国管理及び難民認定法」改正以降増加し、「自動車や電機産業を中心とする製造業関連の大企業、およびその傘下・系列下にある膨大な下請け企業群が立地・集積する（北関東や東海地域などの：筆者）地方工業都市で就労するという構造的特性を持つ」[大久保 2005：4] ようになる。また、1990年代以降の日本において非正規雇用が拡がるなか、「日系人労働者は異常なくらい請負労働市場に集積」[丹野 2007：5] するようになる。

　それからおよそ30年が経った。この間リーマンショックやコロウィルス感染

症拡大など日本経済が危機に直面した時に限らず、雇用先の雇用調整に幾度も
さらされながら、日系ブラジル人は日本で働き生活し続けてきた。この過程で
彼らの居住地は「膨大な下請け企業群」が存在せず、日系人を雇い入れる就労
先も限られる非集住地域にも拡がりを見せるようになる。

　石川県小松市の日系人を分析した俵［2006］では、非集住地域の日系人の特
徴として次の４点を取り上げている。① 請負業者等が移住プロセスを管理す
る市場媒介型が大半で、移住先には家族や親類、友人などが少なくネットワー
クが無い。そのため、② 困りごとがあると請負会社に頼ることになる。また、
③ 日系人人口が少なく、移民コミュニティが未形成であるため、④ 出稼ぎが
メインとなり仕事優先で地域間を移動することが多い。

　同じく日本海側に位置する島根県出雲市における日系人については、上林他
［2021］において彼らが出雲市で働くようになった初期の要因について、植木
［2021］が2010年代以降、出雲市への集住化が進展した要因について分析してい
る。また、労務管理の点から見ると、宮本［2017］が請負業者の生活サポート
が広範囲に及ぶことを示している。一方、上林他［2022］では、① 請負労働者
のキャリア形成が進展するとともに、② 出雲地域に従来から雇用を提供して
きた受け入れ先企業以外にも複数の雇用機会が提供されることで定住化が進行
していることを指摘している。

　このように、近年、島根県出雲市における日系人の状況に変化が見られるが、
本稿はこうした変化に合わせ、業務請負業者が労務管理をどのように展開して
いるのかを課題としたうえで、俵［2006］が提示した非集住地域における日系
人の特徴が現在の出雲市ではどうなっているのか。また、上林他［2022］の分
析結果についても改めて確認することにする。

　なお、本稿は2019年の３月以降、2019年４月、2020年８月、2020年10月に行っ
た業務請負業者２社（X社、Y社）への訪問調査、および2021年９月と2022年４
月に実施したY社へのオンラインヒアリング調査をベースに執筆している。

Ⅰ　出雲市における外国人

　島根県に住民登録している外国人の数は、島根県文化国際課調べによると2021年12月末時点で8921人である。国籍別でみるとブラジル人が3832人（50.0%）と半数を占め、ベトナム人が1367人（15.3%）、中国人が1050人（11.8%）と続いている。また、市町村別でみると出雲市に4886人（54.8%）、松江市に1462人（16.4%）となっており、出雲市に半数以上の外国人が住んでいることがわかる。さらに、出雲市の中でも塩冶地区と斐川地区に集住している[1]。

　出雲市の住民基本台帳によると、2022年3月時点での在住外国人は4805人となっている。2014年の頃は1969人と、出雲市の人口に占める割合は1.1%でしかなかった。しかし、そこから徐々に数が増え、2018年に4000人を超え、割合も2％台に達するようになり、2022年には2.8%を占めるようになっている。

　このように外国人住民が増える一方で、日本人住民の数はそれを上回る勢いで減少している。こうした状況を踏まえ出雲市としては人口減少の勢いを緩和させるためにも2015年の「ひと・まち・しごと創成総合戦略」において定住外

表1　出雲市における国籍別外国人の推移（2014-2022年）

	2014	2015	2016	2017	2018	2019	2020	2021	2022
出雲市人口	174,505	174,538	174,957	174,724	175,220	175,593	174,790	174,708	174,226
日本人住民	172,536	172,098	172,058	171,598	171,219	170,685	170,185	169,862	169,421
外国人住民総数	1,969	2,440	2,899	3,126	4,001	4,908	4,605	4,846	4,805
外国人住民登録者の割合(%)	1.1	1.4	1.7	1.8	2.3	2.8	2.6	2.8	2.8
ブラジル	1,039	1,488	1,891	2,064	2,862	3,522	3,123	3,423	3,563
中国	455	409	368	338	301	323	329	301	251
韓国・朝鮮	169	166	166	162	154	154	152	157	155
フィリピン	16	173	186	174	178	245	210	214	206
ベトナム	37	77	104	141	223	344	419	416	341
その他	104	127	184	247	283	320	372	335	289
外国人に占めるブラジル出身者の割合(%)	52.8	61.0	65.2	66.0	71.5	71.8	67.8	70.6	74.2

（注）　いずれも各年の3月末時点の数値。
（出所）鈴木［2019］、『第2期　出雲市多文化共生推進プラン』および「出雲市住民基本台帳」より作成。

国人の割合を高める方向を目指すようになる。翌2016年には「多文化共生推進プラン」が策定され、外国人の定住に向け教育施策などが充実し始めるようになる。

　こうした変化はブラジル人の流入を加速させることになる。同市における2000年代以降2014年までのブラジル人の数はリーマンショックの影響を受けた2009年を除き、およそ1000人前後、外国人に占める割合としては40％から50％程度で推移していた。ところが、2015年に1488人、割合にして60％を超えてからその数が増え続け、2019年に3000人を超えると、2022年には3563人、割合にして74.2％に達するなど一極集中の状況となっている（表1[2]）。

　出雲市に流入するブラジル人には2つのパターンがある。1つは、ブラジルからの来日者である。その多くが初来日であるが、なかにはビザの更新なども含めブラジルにいったん帰国し再来日する者もいる。もう1つは国内移動者である。両者の割合については、同じくY社へのヒアリングによると、コロナウィルス感染症拡大のために入国制限が課せられていた2020年から2021年にかけて国内移動の割合が4割から6割に増えていたが、2022年4月時点では来日者が8割を占めている。このように国内移動者よりもブラジルからの来日者の割合が高いのはコロナ禍以前と同じ傾向にある。

　ちなみに、2018年以降の外国人の出雲市への転入元と出雲市からの転出先を住民基本台帳で調べてみたのが表2[3]である。コロナ禍以前の2年間は転入者よりも転出者の方が多かったが、コロナ禍の2年間は転入者の数の方が多くなっていた。また、主要な転入元と転出先についてもコロナ禍を境に若干傾向に変化が見られる。コロナ禍以前の主要転入元は広島県の割合が高く、主要転出先は愛知県を中心に広島県、島根県内の他地域に転出していた。一方、コロナ禍の2年間の主要転入元は愛知県や静岡県の割合が高まり、2021年に限ると福井県も高かった。また、主要転出先については愛知県が最も高い傾向には変わりがないが、他の地域では若干変化が見られ、広島県や島根県など近隣地域が減少するのに対し、静岡県の割合が高まっている。

表2 出雲市在住外国人の国内転入元・国内転出先

（単位：％，人）

	転入元				転出先			
	2018	2019	2020	2021	2018	2019	2020	2021
福井県	3.0	4.0	5.9	13.1	0.0	2.5	8.7	2.5
静岡県	7.0	3.2	11.7	9.6	8.3	7.7	5.8	10.5
愛知県	7.7	3.2	16.8	12.3	24.4	14.4	9.0	20.2
広島県	16.6	20.1	9.9	7.1	7.3	13.1	10.4	4.8
島根県	7.5	12.3	6.4	4.4	12.6	10.3	6.9	6.4
その他	58.1	57.3	49.3	53.5	47.4	52.0	59.2	55.5
計（％）	100.0	100.0	100.0	100.0	100.0	100.0	100.0	100.0
総計（人）	427	349	564	778	603	971	346	560

（出所）住民基本台帳より作成。

Ⅱ 業務請負業者とその役割

　ブラジル人の労働と生活に直接関わっているのは業務請負業者である。そこで、ここからはZ社と請負契約を結ぶ二社の業務請負業者の動きについて述べることとする。

　X社は創業1962年、資本金5000万円の総合人材サービス業と製造アウトソーシング業を事業内容とする会社で、全国に約1万人のスタッフが在籍する。大阪に本社を置き、全国29カ所の営業所を擁しており、1991年に開設された出雲営業所は現在在籍数1000名を超え、同社の中でも最大規模の営業所となっている。また、福井県をはじめ北陸3県にも営業所を設けており、そちらでもZ社と取引関係を結んでいる。2019年4月時点で従業員およそ1200人がZ社で働いていた。

　一方、Y社は創業1970年、資本金5000万円でこちらも製造請負を中心に人材サービス業を営んでいる。本社は愛知県一宮市にあり、8カ所の営業所を東海地域と中国・四国に設けている。そのうち出雲市の山陰営業所は1997年に岡山営業所に次いで二番目に開設される。同社の最大の取引相手の1つがZ社であり、山陰営業所は同社にとって重要な拠点となっている［植木 2021：32[4]]。2020年10月時点で従業員およそ1400人から1500人ほどを雇い、うちZ社の出雲工場

に約1300人、大田工場に約100人を送り出していた。

　従業員の年齢は18歳から65歳までと幅広く、30代から40代までが最も多い。勤続年数は平均で２年、長い人は20年以上、短い人で１カ月である。

１　業務請負業者の業務

（１）募集・採用・生活支援

　日系ブラジル人の募集・採用は前述のように国内外の２つのルートがある。国内採用についてはインターネット上のホームページ上やブラジル人向けの求人誌に広告を出して募集する。一方、ブラジルでは、Y社は現地法人を設立するとともに、そこで面接した人を日本へ送り出している。また、採用の割合は現地での口コミが70％、国内新規採用5％、リピーター25％となっている。こうした状況はX社でも同様で、ブラジルで企業説明会を開催した際口コミで募集する方が、効果が大きいようである［植木 2021：35］。

　X社の社員が現地で採用面接をする場合、応募者の属性によってその時間が異なっている。単身者や夫婦だけの場合15分から20分ほどで終了するが、家族連れの場合１時間ほどかけて行う。特に、小学校高学年から中学生といった思春期に達している子供と一緒に来日しようとする場合、日本の学校生活に子供が適応する際の様々な障害について丁寧に説明していき、場合によっては思いとどまるように話をすることもあるようである［植木 2021：35］。

　業務請負業者の生活支援は広範囲に及んでいる。宮本［2017］によると、業務請負業者は日系人が来日するさい彼らを空港に出迎え、そのまま借り受けているアパートに連れていき、翌日には市役所に連れていき住民票登録を支援する。勤務時には日系人が住むアパートを巡回する送迎バスを手配するとともに、けがや体調不良などの際には通訳として病院に付き添う。

　以上のように、出雲市の日系ブラジル人の移住過程には業務請負業者が深く関与する市場媒介型が大半を占めること、それゆえに移住先である出雲市には家族や親類、友人などが少なくネットワークが無いため困りごとが生じた場合

には業務請負業者に頼るしかないといった状況が生じている。このことから、出雲市でも俵［2006］が指摘した非集住地域の日系人の特徴①②と同様の傾向にあることが確認できる。

入職時に行われる初任者教育は、生活や安全、主力製品である積層コンデンサの仕組みや工場内ルールにかかわる教育が2日間、現場教育が1日かけて行われ、その後、実際のラインに入ってOJTで研修を受けることになる。この時、ポルトガル語に翻訳されたマニュアルとともにどの作業をいつまでにマスターすべきかを記したカードが配られ、それを目安に機械の操作方法を覚えていく。このカードには一連の工程が数段階に分けて記されており、初心者はトレーナーの下でそれをこなしていくことになる。トレーナーは入職からおよそ1カ月から2カ月はどたら新人が機械操作を覚えてくるまで行動を共にすることになる。また、人にもよるが遅くとも3カ月ほどで一人前として扱われるようになる［植木 2021：35-36］。

（2）作業管理

業務請負業者はZ社から敷地内の複数の工場棟でラインを請け負っている。1つの作業チームは10名から20名で構成され、ラインで働くのは全て日系ブラジル人である。

Y社では班長などの現場監督者がZ社の日本人の職制と相談しながら作業を進めていく。班長は作業者の状態を随時チェックし、体調管理から精神面のフォローまでを行うことで生産効率の向上を図る。同社では末端職制である班長もすべて日系人を登用している。

生産現場では人間関係上のトラブルもある。ブラジルから初来日した場合、覚悟を持ってやってくるため比較的勤勉な労働者が多いと見られている。また、職歴としても前職が医者や弁護士など専門職として働いてきた人もいる。一方で、東海地域などから移動してきた人の場合、国内の様々な現場で働いてきた経験を持っていることから仕事へのインセンティブが低いケースが多い。このように多様な背景を有する労働者が同一ラインで互いに協力して作業を進めな

いといけないという状況では、労働に対する考え方や品質に対する考え方に違いが生じトラブルへと発展することもある。班長がそうした人間関係上のトラブルへの対処をうまくできないと班全体の作業に支障をきたすなどの問題が生じかねない。

　こうした能力が求められる班長には日本人職制とのコミュニケーションを円滑に進めるだけの日本語能力が何よりも求められる。同時に、作業者であるブラジル人をまとめていくリーダーシップも必要とされている。業務が急拡大して班長に登用する人材も増やす必要が出てきた時期に、日本語能力に多少難があってもリーダーシップを優先した昇格人事行われたこともあったようである。また、班長以上の職制に昇格していくには3年から5年ほどの勤務が必要とされている。

　班長の下に、作業者が病欠などで抜けた場合や、新人で作業効率が悪い場合などにその穴を埋めたりフォローに回ったりする工程リーダーがおり、そして作業者（オペレーター）とつづく。

　こうした作業体制を機能させるために、Y社では請負現場を統括する事業所管理者に登用するにあたり社内認定制度を設け監理業務の充実を図っている。その認定条件は、社内登用者の場合、① 入社1年以上、② 職長教育を受講、③ コンプライアンス教育受講、④ 人材育成・メンタルケア教育受講、⑤ 生産管理・品質管理教育受講となっている。一方、社外登用者の場合、① メーカーで管理職（班長）経験を5年以上有する者、② コンプライアンス教育を受講、③ 人材育成・メンタルケア教育を受講したものとなっている。こうして自社内の管理体制を整備しつつ、請負先からの品質や安全等の要求にこたえるため、月1回協議会を開いており、その内容は掲示板や朝礼などで通知されることになっている。

（3）賃金および労働時間管理

　賃金は職制に応じて数段階に分かれている。Y社では、オペレーターの場合1250円から始まり約半年ごとに50円ずつ最大1400円まで上がる。工程リーダー

になると1450円になり、班長になるとさらに1570円となる[5]。また、現場作業者には2カ月に一度生産協力金として6万円が支給される。

　労働時間については、両社のホームページに載せている求人リストを参考にすると、X社は1日のうち8：30から18：35までの日勤と20：30から6：35までの夜勤、Y社は8：45から18：50までの日勤と20：45から6：50までの夜勤の二交代制になっている[6]。実際にはさらに2時間から3時間の残業がプラスされ、途中に45分間の休憩をはさみつつ実質12時間の拘束時間となっている。シフトは2018年まで長らく6日間勤務して1日休みの形態が続き、日勤か夜勤のどちらかに固定されていた[7]。

　こうした労働時間管理は、日系人は単身出稼ぎ労働者である前提で組み立てられたものであった。しかし、出雲市の日系人に生じた変化は業務請負業者のこうした前提を変化させることになる。

2　日系ブラジル人の変化と業務請負業の対応
（1）日系ブラジル人の変化

　前述のように出雲市では2015年を境にブラジル人が急増する。その過程でブラジル人の人口構成上の変化も生じていた。2014年時点では23.7％しかなかった女性の割合が徐々に増え、2022年には39.5％に至っている。特に2018年以降の5年間でその動きが顕著になっている。同時に、人口に占める世帯の割合もおよそ10年間で20％近く低下している（表3）。これは単身男性の「デカセギ」中心の労働者から、夫婦ないしは子供連れの家族で出雲市に移住してくる人たちの割合が高まっていることを示している。実際、Y社へのヒアリングでも家族連れが5割、単身者が5割ほどとのことであった。また、単身の場合でも後日家族を呼び寄せるケースが増えているとのことである。

　日系ブラジル人の世帯が単身世帯から複数世帯に変化するのに伴い定住志向も高まっている。島根県が2019年5月時点で行った『島根県外国人実態調査（出雲市分）』[8]（n=247、回収率23.5％）によると、島根県在住期間3年以上の者が40.6％、

表3　出雲市におけるブラジル住民の推移

年	計	男	女	男性の割合（%）	女性の割合（%）	世帯数	人口に占める世帯の割合（%）
2014	1,039	793	246	76.3	23.7	792	76.2
2015	1,488	1,038	450	69.8	30.2	1,020	68.5
2016	1,891	1,324	567	70.0	30.0	1,298	68.6
2017	2,064	1,418	646	68.7	31.3	1,388	67.2
2018	2,862	1,885	977	65.9	34.1	1,847	64.5
2019	3,522	2,241	1,281	63.6	36.4	2,200	62.5
2020	3,123	1,931	1,192	61.8	38.2	1,834	58.7
2021	3,423	2,104	1,319	61.5	38.5	2,021	59.0
2022	3,563	2,155	1,408	60.5	39.5	2,083	58.5

（注）各年とも3月末時点の数値。
（出所）『出雲市住民基本台帳』各年版より作成。

そのうち10年以上の者が10.9％にのぼる。また、今後の居住希望に関する質問に対しては、「ずっと島根に住む」と回答した者が27.9％と最も高く、「4年〜5年」と回答した者も合わせると、定住志向の人が41.7％に及んでいる。さらに、同居者の有無と同居相手を複数回答で尋ねた質問では、結婚相手が54.7％、子どもが29.6％となっており、単身の16.6％と比べて高くなっている。

　また、1年後の2020年1月に出雲市が実施した『出雲市ブラジル住民アンケート』の調査報告書（概要版）（n=467,回収率18.0%）でも同様の傾向が見られる。こちらでも「ずっと住むつもり」と回答した者が31.9％、同じく「4年〜5年」と回答した者を合わせると48.8％にのぼり、3年未満の19.9％と比べて高い。また、「ずっと住むつもり」と回答した者のうち、30-39歳が37.9％、40-49歳が42.4％とより高い傾向にあることが示されている（表4）。

　さらに、同居者の有無と同居相手を複数回答で聞いた質問でも単身者が19.3％であるのに対し、結婚相手と同居が62.7％、子どもと同居は28.3％となった。

　この2つのアンケートから、出雲市在住のブラジル人は現在結婚相手や子どもなど家族と同居し3年以上島根県・出雲市住みつつ、今後も住みつづける意志のあるものが回答者の40％から50％程度に及んでいることが分かる。

表4 出雲市在住ブラジル人の居住予定（年齢階層別）

実数	1年未満	1～3年	4～5年	ずっと住むつもり	わからない	未回答	計
15－17歳					1		1
18－29歳	3	21	9	12	18		63
30－39歳	3	17	18	47	38	1	124
40－49歳	2	17	20	56	37		132
50－59歳	4	22	25	30	40	4	125
60歳以上		4	6	4	6	2	22
計	12	81	78	149	140	7	467
割合(%)	2.6	17.3	16.7	31.9	30.0	1.5	100.0

（出所）『出雲市ブラジル住民アンケート』（2020年）調査報告書（概要版）の再掲。

(2) 労働時間の変化

前述のように従来X社では6勤1休のシフトが組まれていたが、現場では過酷な労働に起因するストレスからいじめなどが発生していた。また、女性労働者の割合が高まってきたこともあり、2018年に5勤2休のシフトに変えたところいじめなどの問題が減った。さらに、2019年から始まった働き方改革に伴う残業規制に対応するため、2020年には4勤2休へ移行している。[9] 一方Y社では、従来夜間勤務に固定されていた労働者から日中への移動の希望があればそれを受け入れる措置が取られるようになる。また、そもそも残業時間を含めると12時間連続勤務というシフトそのものが働きすぎの状態であり、安全性や健康への影響が懸念されることから、子供を持つ女性社員の場合申し出があれば8時間勤務への変更を許可している。このように、家族連れの世帯が増えたことで、労働者自身が長時間働き「稼ぐ」ことよりも家族との生活を考慮した働き方を望むようになっており、労働時間管理のあり方もそれに対応している。

上林他［2022］では出雲地域に業務請負会社以外の雇用機会が拡がることで定住化が進展し始めていることを指摘している。しかし、雇用者の絶対数で見た場合、そうした受け皿はまだわずかである。それよりも、業務請負会社自身が日系ブラジル人の多様化に合わせて労務管理を変化させることでZ社内での雇用を維持・拡大しており、そのことが定住化を促進していると考えられる。

（3）日系ブラジル人のキャリア形成

　日系ブラジル人の定住志向が高まりとともに、上林他［2022］でも指摘しているように請負労働者からスタートした日系ブラジル人のキャリア形成も見られるようになる。

　両社に在籍する大多数の日系ブラジル人の雇用契約は3カ月更新の有期雇用である。しかし、5年以上の契約更新を継続した結果無期雇用へと転換している者もいる。さらに、X社ではこの事業所で働く在籍者約1200名（2020年時点）のうち5％程度の正社員・準社員が存在しており、職長や社長の面接などを経て非正規雇用から正規雇用へと転換する正社員登用制度が設けられている。

　一方、Y社でも2020年頃から長期就労者に向けた評価制度が導入されるようになっている。同社では勤続3年間は1450円まで固定給が数百円程度昇給するが、それ以降は頭打ちとなる。その代わり、4年目からは1450円の固定給に加え業績給が導入されることになる。これは勤怠状況や作業量などを評価して固定給に加算されるものであり、その額もより大きなものとなっているようである。このように長期間勤務し続け作業の習熟度を増すことで給与が高くなることでインセンティブを高めることを狙っている。こうした制度はY社のグループ会社の中では山陰営業所のみで実施されており、評価項目などの調整を図りつつ、今後は全国的に取り入れていくことが考えられている。また、同社では経験を積み重ねることで現場から離れ、主任－係長－課長と管理職へとキャリアアップしていく者もいる。上位職種に行くほど日本人スタッフの割合が高くなるが、2022年4月現在、日系人の課長がいるとのことである。

　以上のように、業務請負業者は正社員登用制度を設けたり、評価制度を導入するなど優秀な社員に対する待遇を向上させている。こうした動きを進めているのは、請負先であるZ社において2010年代半ばから増産傾向が続き、今後も生産が拡大され人員の増員が見込まれることから、現在すでに働いている人たちにできるだけ長く働いてもらう必要があることが1つの要因である。

　また、現場の監督は自社が行う必要があり、それが可能なブラジル人を育て

たり雇ったりしないといけない。しかし、その求められている数が現在急速に増えている。そのため、現時点で工程リーダーになっている、もしくは、今後なりうる社員に対し、業績を評価し賃金に反映させることで長期的雇用へとつなげていきたいと考えていることがもう1つの要因となっていることが考えられる。

（4）労務管理の外延的拡充

日系人非集住地域の地方都市である出雲市には、日系人にとっての生活インフラであるスーパーや教会、あるいはディスコなどの遊び場が整っていない [山本・松宮 2011]。そのため、ブラジル人同士で集う場が少なく、生活が単調になりがちで、孤独な状況に陥りやすいという課題を抱えている。

こうした状況に対し、Y社はブラジルの日本人会のような居場所となる拠点づくりを構想する。そこでは日系人の生活不安を取り除いて、日本社会で自立していけるようになることを目標に、2017年9月コミュニティ支援センターを設立する。センター長はY社で勤務していた日系人であり、会社のことも、日系人としての苦労も分かる人材として派遣された。

センターははじめに日本語教室の開催に乗り出す。当初は10名程度であったが、Y社の財政的支援もあり、急速にその数が増えピーク時の2018年から2019年には150人から170人ほどの受講者がいた。その後、コロナ禍の2021年でも約70人が受講している。また、日系ブラジル人同士の交流会（手巻きずし体験、俳句会など）や地元の高校生や大学生、幼稚園の子たちとの見学会や交流会の機会も設けている。

さらに、パスポートや在留資格等の更新に必要な書類のチェックなどの実務的支援、会社の中では話せないようなメンタル相談も含め多岐にわたる支援を行っている。

Y社では、さらに2019年に定員60名の企業主導型保育園を、2021年には学童保育も設立した。いずれも、日系人だけでなく地元の日本人家庭の子どもも受入れ、両者が共に過ごし学びあう場の形成に努めている。

　Y社がこうした生活支援に乗り出すのは、日系ブラジル人が地域社会に受け入れられるようになってほしいという同社の持つ多文化共生的な理念もあるが、常時数千人の日系人が移住者向けのインフラの整っていない地域社会で暮らしていくには限界があり、そのことは事業の存立の危機をもたらしかねない。そのため、企業自らが乗り出さないといけなくなったという点も挙げられる。

　他方で、こうした本業とは異なる事業への進出は、Y社にとってもメリットがある。例えば、ある日系人を班長に昇格させるといった機会に、その人物像などを支援センターのセンター長にも聴くなどといったこともある。それ以上に、出雲市の事業所が本業と移住インフラ支援を両立させた事業展開を進めることで、家族連れで来日し定住志向が強まる日系人の採用に強みを発揮している。また、こうした出雲事業所の取り組みはY社グループの中でも先進的な事例として捉えられており、今後他の事業所でも展開されていく可能性を有している。

　以上のように、従来、出雲市は非集住地域であるがゆえに日系人の人口が少なく移民コミュニティの形成が困難であり、出稼ぎメインの仕事優先で地域間を移動する労働者が多いという特徴を有していた。ところが、日系ブラジル人の増加とともに定住志向の家族連れが増えていき、業務請負業者自ら移住インフラや移民コミュニティの形成への関与を始めていくことになった。

おわりに

　島根県出雲市では1990年代から日系ブラジル人が業務請負業者を経由してZ社に送り込まれるルートが構築されていた。その当時、非集住地域であるこの町にやって来るのはいわゆる「デカセギ」の単身男性労働者がほとんどであった。ところが、2016年に出雲市が外国人の定住化を推進する前後から、家族連れの労働者が増えるようになる。そのなかでも30代から40代の人たちには定住志向が強く、以後、2022年現在まで、受入れ先企業の好業績にも支えられ、定

住を考え家族で移住する人が増えている。

　このような外部環境の変化は、業務請負業者に対し、日系人が安定的に生活者として出雲市に定住する状況を自らが作り出さないと事業が継続できないという状況をもたらした。そこで、労働面では長期就労者のインセンティブを高める評価制度を設けたり、優秀な日系ブラジル人労働者を積極的に管理監督者へと登用するなど労務管理を高度化させていく。また、生活面ではコミュニティ支援センターや保育園・学童保育など生活支援の場を設けるなど日系人が地域社会に溶け込めるような展開を進めている。こうした対応の結果、Y社にとって出雲市の事業所は同グループの中での先進的モデルとして位置づけられているようになっている。

　以上のように、出雲市における日系ブラジル人と業務請負業者の関係は新たな段階に入ってきていることが明らかとなった。しかし、出雲地域において日系ブラジル人に受け入れ企業であるZ社と同規模・同水準の雇用機会を提供しうる企業は存在しない。また、Z社の産業の特性上周辺地域に下請け企業を抱えるようなこともない。そのため、同社の好業績に強く依拠した形で定住化が進行しており、リーマンショックのような事態が生じた場合に雇用の受け皿が無いなど、非常に脆い構造となっている。

● 注
1）出雲市内でも限られた地区に集住しているため、彼らの子どもが通う小中学校も集中している［徳田他 2019：61］。
2）植木［2021］では、こうしたブラジル人急増の要因を、受入れ先のZ社の業績も含めて考察している。また、Z社が出雲市に立地した背景や、日系人雇用のニーズについては上林他［2021］が詳しい。
3）住民基本台帳において外国人の転入元・転出先が公開されたのは2018年以降である。なお、これまで見てきたように近年の出雲市の在住外国人の7割がブラジル人であることや、国内を自由に移動できる在留資格を有するのは日系人であることから、以下の傾向は日系ブラジル人の移動状況に近いと判断することができる。
4）両社のHP参照（2021年9月25訪問、2022年6月19日再訪）。
5）この水準はY社の本社を置く愛知県の基準と同一である。そのため、島根県の他の会社

と比べるとかなり高い水準の時給となっている。ちなみに、島根県の2021年10月現在の
最低賃金は824円である。

6）両社のHP（2021年9月23日訪問）。

7）退職者が生じたり新人が入ってくるなど人が交代する際にバランスを見て移動させるこ
ともあるようである。

8）このアンケートはすべての外国人住民を対象とししており、回答者のうちブラジル国籍
者は172人（69.7％）であること、また、アンケート調査に対して単身者や定住を考えて
いない人の回答率が低くなる傾向があることにも留意する必要がある。

9）ただし、勤務時間の減少は時給で働く日系人にとって賃金の減少に直結することから不
満が出ることもある。そうした場合、法定休日日の出勤を増やすことで減少分を埋める
などの対応を取っている。しかし、これも小さな子供を抱える家庭では子供への影響が
懸念されるなど、家族をもって働く労働者が増えたことで新たな課題が生じている。

10）なお、主任以上の管理監督者から月給制となる。

● **参考文献**

植木洋［2021］「島根県出雲市における日系ブラジル人の集住化とその要因『山陰研究』14、
　　pp.25-47。

大久保武［2005］『日系人の労働市場とエスニシティ』御茶の水書房。

上林千恵子・山口塁・長谷川翼［2021］「出雲市における産業振興・雇用創出と外国人労働者 (1)」
　　『社会士林』法政大学社会学部学会、68(1)、pp.45-65。

──────［2022］「出雲市における産業振興・雇用創出と外国人労働者 (2)」『社会士林』法政
　　大学社会学部学会、68(4)、pp.71-113。

俵希實［2006］「日系ブラジル人の居住地域と生活展開」『ソシオロジ』156、pp.69-85。

丹野清人［2007］『越境する雇用システムと外国人労働者』東京大学出版会。

徳田剛・二階堂裕子・魁生由美子編著［2019］『地方発 外国人住民との地域づくり』晃洋書房。

宮本恭子［2017］「持続可能な社会に向けた外国人労働者の受入れに関する研究」『山陰研究』
　　10、pp.1-19。

山本かほり・松宮朝［2011］「リーマンショック後の経済不況下におけるブラジル人労働者
　　──A社ブラジル人調査から──」『社会福祉研究』13、pp.37-62。

（**筆者＝鳥取短期大学**）

2．出産後職場復帰におけるワークライフバランスの問題点及び意識変化
——日本人女性と中国人女性の比較を用いて——

Problems and Changes in Attitudes toward Work-Life Balance in Returning to the Workplace after Childbirth

—A Comparison of Japanese Women and Chinese Women—

閻　　亜光　YAN Yaguang

は じ め に

　「ワークライフバランス」という概念は徐々に社会に定着してきた。井川 [2021] によれば、「働き改革」の議論の中に女性の活躍に対するものが以前より盛んに行われるようになったと分かり、女性が職場での活躍は「ワークライフバランス」と大きく関係すると考えられる。加藤・平賀 [2014] によれば、従業員の多様な働き方や健康な生活や勤務による経済的自立が重視され、女性の勤務継続が可能の制度、休暇の取得、正社員への登用制度などが進められていると示唆される。その中、女性の出産が休暇の取得に大きく関係すると考えられる。内閣府「仕事と生活の調和レポート2011[1]」によれば、第一子の出産前後の妻の就業変化の結果、正規職員は就業継続率（育休利用）が1985～1989年の13.0%から2005～2009年の43.1%に増加し、また、内閣府「仕事と生活の調和（ワーク・ライフ・バランス）レポート2018（概要）」により、第一子出産前後に女性が就業を継続する割合は53.1%となった[2]。出産後、仕事を継続したいという女性が年々増えている。しかし、出産後の職場復帰は簡単にできない。女性は出産に伴う身体的と心理的な後遺症が残され、職場復帰後の数多くの問題点に直面しなければなりならないと予想される。

　一方、日本がグローバル化が進み、日本で勤務している外国人女性労働者も

増えている。2019年法務省の調査［法務省 2019］により、日本で仕事している女性数は148万7338人であり、男性よりも４万2000人多いこともわかった。西岡ら［2019］は、本来日本で勤務していた中国人女性労働者が日本で出産し、再就職ができず、キャリアアップなどを考慮し、帰国する人が多かったことを明らかにした。このように、外国人女性が日本人女性に比べ、日本での出産に伴う問題点がより複雑であることが予想される。以上のことを踏まえて、本研究は、同じ職場に復帰した後、女性がどのような問題点に直面しているのか、出産、休職、職場復帰など一連の流れで職場、もしくは仕事に対して、どのような意識変化があったのか、日本人女性と外国人女性が直面する問題と意識はどのように異なるかを明らかにすることが目的である。また、問題点を明らかにすることにより、女性がワークライフバランスを保持できる方法も発見されると期待できる。日本人女性のみならず、外国人女性を含め、今後女性の活躍においては、新たな着眼点を示すことにも貢献できる。

I　女性とワークライフバランス

　日本社会の少子高齢化により、働き手が不足している。この問題を解決するために、多くの日本企業が積極的に女性労働者を採用している。しかし、ワークライフバランスの保持において、女性がよりしにくい状況に直面している。仕事とプライベートのバランス調整する際、女性は「仕事関連」と「生活関連」における多くの困難に直面すると思われる。井川・平尾［2021］によれば、労働時間に関する考え方について考察を行った結果、まだ独身で若い従業員は「もっと仕事をしたい」と考えている一方、子育てをする既婚の従業員と親の介護などの問題を抱えている従業員は「労働時間をもっと短くしたい」と考える。ワークライフバランスの実現度合いは個人の属性やライフステージによって異なることが明らかになった。さらに、深堀［2017］によれば、通勤時間が長いほど育休期間も長いことが明らかになった。したがって、労働時間はワー

クライフバランスの実施に対しては、大きな障壁となった。

　労働時間のほかに、職場の人間関係もワークライフバランスの実施する際の大きな問題となる。実際に、上司部下という関係性に関する多くの問題が発見されている。岩谷・津本 [2020] は、「ほかのスタッフへの残務の移譲」が「仕事とプライベートの切り替え」との関連性があると述べた。また、上原ら [2013] は、普通に働く従業員にとって経営トップ層は極めて遠い存在であるため、直属の上司は一般従業員にかなりの影響を持つと述べた。そのため、直属の上司は中間役割を従業員と経営トップ層の間で果たすべきだと考えられる。井川・平尾 [2021] は、部下に対し適正な仕事役割を果たしてあげられるかは上司の責任であり、ワークライフバランスに満足できるかにも仕事分配も重要になってくると指摘した。以上のことを踏まえ、上司と部下とのマッチング度を含めた人間関係が従業員のワークライフバランスにとって重要な指標であり、部下のみならず、上司側のワークライフバランスにも影響を及ぼすと考えられる。

　一方、職場以外の生活場面においても難しい側面が見られる。木村 [2019] によれば、従来の性別役割分業が企業文化として根付いている企業はワークライフバランス施策が浸透しにくいことが明らかになった。育児という仕事は女性が行うものだと一般的に認識されがちだが、子供の成長にも妻のワークライフバランスの保持にも男性が育児に参加する必要があると思われる。職場で男女が共同作業をすることは、日本型のワークシェアリングといった労働人口減少の対応策にもなる。また、深堀 [2017] は正規就業女性の育休期間に関する要因を計量分析した結果、夫妻の通勤時間により育休利用期間も異なると明らかになった。そのほかのライフイベントも職場復帰を含めたワークライフバランスに影響を与えている。岩谷・津本 [2020] は、育児休業から復帰した看護職のワークライフバランス実現度について調査を行った結果、「家庭での過ごし方・家族の支援」という指標の中に、「仕事以外の過ごし方」の実現度が最も低かったと述べた。住んでいる地域の行事や町内会の活動の出席が求められるが、特に女性がすべきだと思われる育児と家事だけで精一杯になり、地域活

動に参加する精力がないと考えられる。以上のことを鑑みると、夫婦共同とい
う概念をはじめ、家族構成メンバーの役割分担は女性のワークライフバランス
を実施する際の重要な側面になると考えられる。

　上述した「仕事関連」と「生活関連」の問題点を解決するために、数多くの
提案がされていた。例として、企業が女性の出産に伴うあらゆる側面を支援す
る制度や、妊娠した女性には産前・産後のメンタルヘルスなど、ライフスタイ
ルに関する教育を行うべきだと武藤ら［2018］は述べた。しかし、女性が普段
の生活や職場で受けたダメージやトラウマにより、ワークライフバランスの保
持がしにくくなり、ワークライフバランスの保持は継続的に難航していると思
われる。

Ⅱ　女性の職場復帰及び外国人女性が直面する問題の特殊性

　職場復帰はワークライフバランスの重要な内容だと思われ、女性の職場復帰
に影響する要因は数多く存在する。例として、津田ら［2012］によれば、育児
休暇から復帰した女性医師と女性看護師は所属する医療機関に保育施設があれ
ば、女性医師が復職しやすいという結果が現れた。また、渡邊ら［2019］によれば、
職場復帰後のさまざまな問題に対し、集団認知行動療法の有効性について分析
を行ったが、直面する問題点は「苦手な上司に対して自分の状態をどのように
説明すればよいか」、「同僚が休まず勤務している中でどのように休憩をとれば
よいか」のような対人問題が挙げられた。さらに、労働者自身にまだ解決でき
ていない問題を抱えているのであれば、職場復帰がより一層難しくなる。職場
復帰の成否は休職した労働者が職場に戻れたかという表面上の結果にこだわる
のではなく、しっかりとあらゆる側面を考慮し、復帰後の継続性を鑑みる必要
があると思われる。本当の職場復帰ができたのであれば、復職した本人にとっ
て良い経験が得られたとみなされると同時に、周りの労働者にも積極的な影響
をもたらすと思われる。尾曲［2019］によれば、女性の復職者が仕事の生産性

やタイムマネジメントが向上し、自身の性格、内面も成長したと同時に、女性労働者の取得する人が増加するにより、今後取得する人も多くなるとポジティブな結果が現れた。

　一方、外国人女性の状況を見てみよう。厚生労働省[2020]は、「人口動態統計(確定数)の概要　別表」を実施した結果、2020年1年間、出産した外国人女性の数が1万8797人である。2010年の同調査 [厚生労働省 2010] で得られた1万1418人より、7379人増加し、64.6%の増加率となる。日本で出産する外国人女性が大幅に増えていることがわかった。しかし、外国人女性が妊娠してから子育てまで、多くの問題に直面しており、問題と問題を解決する工夫が多く発見された。川崎 [2014] は、在日外国人女性の出産・育児の過程において、経験していた困難と社会支援の側面を考察し、「異文化間の葛藤やジレンマ」、「サポートを得られない」、「孤立や孤独感」などの困難に直面していたことが明らかにした。外国籍の女性が異国での出産となり、文化の違いによる産後うつなどの健康への影響も外国人女性の出産に見られた特殊な問題点だと想像できる。

　また、橋本ら [2011] によると、日本の保険医療についての理解の困難、日本語による情報伝達困難、出産国の選択などといった外国人女性が妊娠、出産、育児で直面する問題として示唆される。母国と異なる医療体制で出産にあたり、不安が高まることが外国人女性にしかみられない可能性が大きい。さらに、仕事をしている外国人女性が妊娠し、解雇などに恐れ、妊娠したことを職場に伝えらず、妊娠の後半で身体的負担が大きいため、やむを得ず退職すると西岡ら [2019] は述べた。多くの困難や問題に直面し、働く女性が職場と生活の両立を保たなければならないため、出産に伴う困難を友人に助けを求めたり、家族に助けを求めたりし、なんとか乗り越えようとしたと橋本ら [2011] は述べたが、実際に職場復帰に向けての問題点を解決する方法ではなかった。したがって、出産後職場復帰できた外国人女性がどのように問題を解決したかを議論した研究がなかなか見当たらない。外国人女性が日本人女性と比較して、本当に異なる困難に直面したか、職場復帰し、ワークライフバランスをどのように保てた

かは明らかになっていない。

Ⅲ　研究課題

　女性従業員がワークライフバランスを保持しやすいように、企業内では多くの取り組みが行われ、多くの会社は女性従業員にワークライフバランスが取れるような取り組みが見受けられる。しかし、室野ら [2021] は、サービス業のワークライフバランスの取り組みを調査した結果、取引先であるお客さんと触れ合う「最前線の窓口」として、看護職が情報伝達の役割を果たしていると述べた。サービス業のような対人関係の職種性質により、最前線の窓口という概念が生成され、看護師の専門性を生かし、療養が必要かどうかは判断する責任を負う。人事労務管理との連携も必要とされる中、サービス業でのワークライフバランスの保持がより難しいと思われる。従って、サービス業のような対人関係の仕事をしている女性は職場復帰するにあたり、他の業種との差異が生じると予想できる。

　また、武田 [2007] は、外国人女性が出産と子育てする際に、勤務上の大変さについて議論を行った。仕事を休むと仕事を失う可能性があり、雇用条件は厳しい現状がある中、日本人の女性より更なる複雑な生活状況に直面していると予想できる。外国人女性と日本人女性が出産による職場復帰、またワークライフバランスにおいて、相違点が存在するかも本研究の研究課題内容として相応しいと思われる。上記のことを踏まえて、本研究は女性が同じ職場に復帰の際に、どのような問題点に直面したか、どのように困難を乗り越えられたのか、職場復帰前後仕事や生活に対する意識の変化があるかを明らかにする上、国籍と業種による差異が存在するかも証明する。したがって、計3つの研究課題を立てた。

　① 女性従業員は職場復帰の際に、どのような問題点に直面したか。どのように困難を乗り越えられたか。

② 女性従業員は仕事や生活に対する意識が職場復帰前後変化したか、変化した場合、どのような変化が現れたか。

③ 国籍と業種により、女性が職場復帰する際に、直面する問題点と仕事や生活に対する意識が異なるか。差異が生じた原因とは何か。

Ⅳ 研究対象と研究方法

　本研究は、日本で正規雇用されている計8名の女性労働者を対象に半構造化インタビューを行った。国籍と業種等の影響を検証するため、日本国籍女性4名と中国国籍女性4名に分けており、さらに日本国籍と中国国籍の中、それぞれ対人関係の仕事をしている女性2名と事務関係の仕事をしている女性2名に分け、インタビュー調査に進めた。表1にて基本情報が示されている。全ての調査対象者は日本で正規雇用されており、妊娠により一旦休職し、出産休暇と育児休暇を終え、同じ職場に復帰した経験を有する。また、二児の母親もインタビュー対象となっているが、第一児と第二児は同じ職場復帰できた方に限る。2021年10月から2022年1月にかけて、全ての調査対象者に半構造化インタビューを実施し、研究結果をドラフトの図表で表し、調査対象者本人に確認し、修正作業を行った。

表1　調査対象者基本情報

氏名(偽名)	年齢	国籍	業種	子供数
Aさん	30代	日本	非サービス業	1
Bさん	30代	日本	非サービス業	1
Cさん	20代	日本	サービス業	2
Dさん	30代	日本	サービス業	1
Eさん	20代	中国	サービス業	1
Fさん	30代	中国	非サービス業	1
Gさん	30代	中国	サービス業	2
Hさん	30代	中国	非サービス業	2

本研究は正規雇用の女性が仕事開始から妊娠、休職、職場復帰など一連のライフイベントを経て、仕事と生活に対する意識変化の有無や一連のライフイベントに伴う困難の有無を明らかにすることを目的とするため、「TEM」という定性的研究方法を用いることにした。TEMはTrajectory Equifinality Modelの頭文字からできた単語であり、日本語では「複線径路・等至性モデル」と訳される。Bertalanffy [1968] が提案した人間が開放的システムとして捉える人間システム論に基づき、Valsiner [2001] は等至性 (Equifinality) という概念に着目し、「TEM」を提唱した。人間は人生という経路において、数多くの選択をし、同じ目的地に辿り着くとしても途中の経路は多様である。多様な経路を選択した背景に複雑な社会要素が含まれており、その複雑性と多様性を明らかにすることは「TEM」の特徴ともいえよう。さらに、安田 [2015] は人生の流れにおきた出来事を全て記号というふうに捉えられ、その記号の背景に個人特有の特性や外部要素が含まれていると述べた。「TEM」は臨床心理学などよく見かける研究方法だが、本研究において、記号となる出来事や出来事の背後に共通点を見出すには最も相応しい方法と判断できる。全ての調査対象者は決まっている人生の期間中に、記号となった出来事に対し、どのように選択するか、そのような選択をなぜしたかを「TEM」という研究方法を用いて共通性と独自性を分析することも可能である。したがって、本研究は「TEM」[3] という研究方法を用いることにした。

V　研究結果

本研究は、合計8人の女性のインタビューに基づき、計8枚のTEM図を描くことができた。各研究課題において、TEM図で得られた新たな発見を述べる。

　① 女性従業員は職場復帰の際に、どのような問題点に直面したか。どのように困難を乗り越えられたか。

本研究では、8人全員が共通する問題点は、「復帰後の仕事の不慣れ」、「ワー

クライフバランスの難しさ」、「残業するという選択がなくなった」といった3つの問題点が明らかになった。また、「復帰後解雇される可能性」、「職場の変な噂」など、全員共通していないが、過半数の調査対象者が難しいと思っていることも発見された。また、困難に直面した際に、どのように乗り越えられたかは共通TEM図[4]にて解明を行った。

② 女性従業員は仕事や生活に対する意識が職場復帰前後変化したか、変化した場合、どのような変化が現れたか。

本研究課題に対して、調査対象者8人全員変化したと回答した。「仕事と同僚に対する考え方」、「家庭に重きを置いた」、「キャリアビジョンの調整」といった3つの変化は全員に見られた。他にも、「職場での待遇が変わった」のような変化も数名の調査対象者に共通する変化も見られた。

③ 国籍と業種により、女性が職場復帰する際に、直面する問題点と仕事や生活に対する意識が異なるか。差異が生じた原因とは何か。

日本人女性と中国人女性との比較を用いて、国籍による変化の要因の異なる点は「職場復帰のタイミング」と「家庭内における他の構成要員が果たす役割」といった2つの点である。また職種による違いも「休みをとった後の罪悪感」、「コロナに対する考え方」といった2つの点である。原因は考察にて詳しく述べる。

Ⅵ 考　　　察

1.1　復帰後の仕事の不慣れ

全調査対象者が出産による休職後の復帰業務に慣れなかったことを強調した。Mandal [2018] は、出産するために長期休みもしくは有給休暇（12週間以上）の取得により、女性が職場復帰後はよりメンタルヘルスに良い影響を与え、早期職場復帰による負の心理影響を緩和することができると述べた。しかし、メ

ンタルのほか、実際に職場復帰後の業務遂行も職場女性を悩ませている。対人関係や事務関連の業種などに関係なく、一定期間仕事から離れてしまうと、使用するシステムや同僚や仕事内容まで異なってしまう。新しい業務や職場環境に慣れるまでは時間がかかると全員が語っていた。

　全ての調査協力者に職場環境、業務内容、同僚メンバー構成などに職場復帰後の不慣れが生じていた。本研究では、このような不慣れが生じたことに対し、「職場の同僚に助けを求める」や「帰りの時に業務を練習する」のような自力で改善するという方法を用いて解決することが明らかになった。また、「時間に任せる」や「いつの間にか戻った」のような一旦困難を放置し、自然習得の方法も見られた。しかし、数名の調査協力者は言及していたが、休職中に変化があった際に会社から連絡してほしいという要望もあり、休職中の本人達は変化が起きるタイミングがわからないため、会社からの連絡といった解決方法も示唆される。

1.2　ワークライフバランスの難しさ

　職場復帰の際に、仕事と家庭のバランスを思う通りにコントロールできないことも全ての調査対象者に見られた。復職直後、子供の熱で休みを出した時や旦那さんと育児の役割分担など、ワークライフバランスを取ることの難しさを全員が言及していた。池田［2021］によると、子育てしながら働く女性は日々の生活において多くのペルソナを持ち、家事や育児や仕事など多くの場面に応じて自分の役割を果たしている。また子供の休園などを考慮し自分のスケジュールも変えざるを得なかったと明らかになった。したがって、多くの生活場面に合わせて、多くの役割を果たしていることでワークライフバランスはより保ちにくいことにつながったと考えられる。

　また、育児に関する役割分担がうまくできず、一人で多くの家事を抱えてしまうことにより、ワークライフバランスが崩れる。女性は子供が生まれてから、子供の体調により仕事に割ける時間の確保も難しくなり、毎日忙しいと感じるようになった。本研究では、多くの女性は家事と育児を自分のやるべきことだ

と考え、パートナーに家事の分担や育児の手伝いを求めることも見られた。それにより、ワークライフバランスが多く影響をされたのではないかと考えられる。

1.3 残業するという選択がなくなった

本研究では、全ての調査対象者は職場復帰後の残業が不可能になったと語っていた。子供を出産してから、子供のことを最優先事項だと考えている傾向がある。研究課題 ② で見られた変化である「家庭に重きに置いた」と「キャリアビジョンの調整」に関連するが、ほとんどの女性は子供を出産した後、職場と家庭での両者択一の状況に置かれた際、家庭を選ぶ傾向があった。職場で頑張りたいという気持ちがあっても、子供が小学校に入ってから、もしくは子供がある程度自立してからではないと職場での昇進を目指せない。本研究の調査対象者全員は子供が未就学児であり、共働きの家庭を持っているため、残業が生じたとしても、その分の仕事を同僚に任せることにした。

残業そのものより、職場復帰後時短勤務を行うことで正社員として果たすべき業務を行えるか、または残業をするとなると、パートナーに依頼できるかという不安が生まれる。シフト制の仕事内容になると、自分が残業できない代わりに、できる人を探さないといけなくなり、本来の仕事にも支障が出てしまう。出産後、職場復帰した女性にシフトの考慮や残業が生じないような業務を与えるなどの工夫を企業側が行うべきだと示唆される。木村 [2019] は、労働力が減少している現状を改善するために、長時間労働が多くの企業に導入されたが、育児・介護中の労働者に対して、労働時間の調整支援が重要だと述べた。また、育休の期間を延長し、子供の急な発熱で休むことを考慮し育休の期間を延ばすことも施策として考えられる。実際Chai, Nandi & Heymann [2018] は、法律に定められた有給育休期間を延長することにより、女性が母親としての母乳育児の実践を促進でき、家庭内での役割をより円滑に果たすことにつながることを述べた。職場復帰後の勤務時間を調整することが困難であるという共通する問題点が明らかになった。

2.1　仕事と同僚に対する考え方

　職場復帰前後、全調査対象者に共通して変化したものは、仕事と同僚に対する考え方が挙げられる。仕事に対する考え方の変化はほとんど勤務時間に関するものだった。同僚については、「同僚への思いやりが増えた」、「同じく出産後の女性の気持ちが理解できた」など同僚を思い遣る姿勢が多く見られた。高ら［2021］は、子育てをするために休職中の女性看護婦14名にインタビューした結果、ほとんどの女性は職場復帰に向けて、同僚のコミュニティから励ましをもらったり、頑張っている姿で刺激されたりすると述べた。休職中に受けていた良い刺激が実際に復職後の職場に還元するという形になっている。また、出産の経験や出産後子供との関わりにより、性格も変わり仕事と生活に良い影響を与え、育児で大変な思いを経験した方は、同僚への共感が著しく増えた。

　産休育休の際に、同僚たちが自分の抜けた分の仕事をカバーしていたことに感動し、多くの方がそのことを継続して行いたいと述べた。また、仕事に対する考え方の変化は生活の重心の変化とも関連するが、ワークライフバランスを保持するために仕事の優先順位を低めて、家庭生活のリズムに支障をきたさないよう、仕事の進捗状況を調整したり、仕事の内容を変更したりした方もいた。

2.2　家庭に重きを置いた

　出産する前に、普段の生活の構成要素として、「子供」という存在がないため、自分のペースで物事を進めることができ、職場での働くスタイルも自分なりに調整することが可能である。しかし、出産後生活の構成要素が増え、自分のワークライフバランスを維持するために、全ての調査対象者が家庭に重きを置いた。家庭に重心を置いた原因は旦那さんの仕事を優先させてあげたいということもあれば、子供により良い環境を与えたいということもある。

　全ての調査対象者のインタビュー内容を網羅すると、全員が家庭に重きを置いたが、今後仕事に重きを置く可能性も示唆される。岩谷・津本［2020］によると、育児休暇を経て職場復帰し、子どもが3歳になるまでの期間は、育児・介護休業法等による支援が得やすい時期であるとわかった。小学校に進むまでは子供

の面倒を見る必要があり、育児に時間がかかる。子供が自立するまで家庭に生活の重心を置くことも多くの母親が選択すると考えられる。無論、家庭に重きを置いたことは一生変わらないことではなく、一時的なものの場合もある。例として、Cさんは「いずれ店長になりたい」と述べたのは、家庭を一旦優先し、仕事に重きを置ける時期に店長になろうとしている。このように、ワークライフバランスを時期によって調整することが本研究で発見された。

2.3　キャリアビジョンの調整

　全ての調査対象者がワークライフバランスを調整した際に、家庭に重きを置いたことが明らかになったが、職場において、キャリアビジョンも全員ある程度調整を行った。最終到達するキャリアビジョンを変更した方もいれば、目標達成する期間を伸ばした方もいる。また、昇進の機会を断ったという事例もあり、女性の職場活躍推進は単なる数値的なものではなく、女性のライフステージなどの当事者にまつわる要素も十分に考慮すべきだと思われる。Juengst, et al. [2019]によると、アメリカの女性医師という対象に調査し、職場復帰後はキャリ構築に関する支援が最も望ましいと明らかになった。日本企業で勤務する女性にもキャリアにまつわる支援や調整などが会社側に求めていることが今研究で分かった。

　キャリアビジョンの調整は上方修正もあれば、下方修正も見られた。各自の生活状況に合わせて、仕事をやめずに継続ができるバランスのポイントを発見できたということになる。このワークライフバランスのポイントは女性が出産による休職の職場復帰の可否に大きく関係すると考えられる。職務が更なるレベルアップを求める女性と自分の強みを生かし転職したい女性が現れ、家庭を重要視しながら自己実現もしたいという目標を達成するためのキャリアビジョン変更が発見された。一方、仕事を続けられそうにない女性と旦那さんの仕事に左右される女性も現れ、ライフステージの出来事によるキャリアビジョンの変更も見られた。変更そのものは自らの意思で決めたものとせざるを得ないというものと両方が存在している。

3.1　職場復帰のタイミング

　異なる国籍の女性が出産による休職後の職場復帰の際、直面する問題の原因は異なるかを分析した結果、職場復帰するタイミングの決め手がまず挙げられる。日本人女性は全員子供が保育園に入園できてからしか職場復帰できなかったことに対し、中国人女性は職場復帰のタイミングは多種多様である。職を失うことを恐れてすぐ復帰した人もいれば、家計を負担するため復帰した人もいる。子供の面倒を見るという役割は日本人女性に大いにあるため、子供の保育園の入園は必須条件になってくる。それに対し、中国人女性が子供の面倒を見る他に家計を担うことや自己実現を優先することなど、子供の面倒を見ると同等に重要なことが多く、職場復帰は子供の入園に影響されにくいことがわかった。

　職場復帰するタイミングは国籍による差異が見られたが、文化背景の要因も女性の職場復帰に影響を与えることがわかった。網谷ら [2018] は、日本国籍の男性が夫であるアジア系の女性に子育て困難を調査し、母語とする言語に関する葛藤や家事と子育てに関する考えの違いなど、多くの異文化問題を抱えていることを明らかにした。それにより、日本での育児は外国人女性が特有の問題に文化的原因があると考えられる。日本企業は外国籍の女性を採用する際に、日本人女性が抱えている問題をベースに特有の文化背景を視野に入れ、より従業員に寄り添う対策ができていれば、グローバル化が進化している労働市場においてより多様な人材を確保できると示唆される。

3.2　家庭内における他の構成要員が果たす役割

　職場復帰のタイミングとも関係しているが、子供の面倒を見るのは母親だけの仕事ではないと中国人女性が述べる。それに対し、日本人女性が子供の面倒や子育てを自分で抱える傾向がある。家庭内の構成要員は単なるパートナーではなく、女性の両親をはじめ、親族も含まれる。実際に、中国人女性の場合、全ての調査対象者が自分の子育てに両家の両親がかなり力になってくれたと述べた。また、パートナーも子育てに意欲的に参加したい、もしくは参加したと明らかになった。しかし、日本人女性に関しては、両家の両親はまず頼ること

はなく、パートナーも意欲的に参加することがみられなかった。

　そこで、自主的に子育てに参加したパートナーもいたが、日本人女性が迷惑をかけているような発言もあり、女性自身の認識がまだ囚われており、女性自身の意識改革も必要ではないかと思われる。子育ては女性だけの仕事ではなく、パートナー及び家族を構成するメンバーが全て関係するものだと解釈できる。女性が出産後数多くの問題に直面することになるが、そこで家庭内メンバーが発揮すべき役割を果たせば、女性の職場復帰がよりスムーズになることも考えられる。しかし、男性の育休に関する推進はかなり遅れている。日本のみならず、Kaufman [2018] によると、イギリスの男性も父親休暇という休みを取得できていない現状があり、職場はしっかりとサポートしてきれないことや子供の母親が長く取得してくれることなどの原因が明らかになった。男性の育児休暇に関する取り組みは今後まだ改善する余地が残されている。

3.3　休みをとった後の罪悪感

　また、職種による原因の異なる点も見られた。実際に対人関係シフト制の仕事をしているアメリカ人女性を対象に、Stack, et al. [2018] は80%以上の女性が同僚に負担をかけることを懸念し、出産を遅らせたことを明らかにした。シフト制の女性は職場復帰後子供の体調などで急な休みを取るときに、同僚に対する「罪悪感」や申し訳ない気持ちが対人関係ではない仕事をしている女性と比べ、かなり多く抱える傾向がある。対人関係のシフト制になってくると、その日の人員が足りなくなり、仕事に直接の影響を与えることに対し、オフィス職はある一定の期間もしくはタスクの課せられるため、自分で時間の調整はでき、他人に依頼する仕事も比較的に少ない。

　職場復帰後、シフト制の女性は休みにくいことが明らかになった。今後シフト制の職種の企業は、女性の職場復帰に備えて、より多くの人員配置をする、比較的にスローな時間帯にシフトを組むなどの工夫が求められる。そうすると、休みをとった女性本人も同僚に対する罪悪感も減り、職場復帰もより簡単になると思われる。

3.4 コロナに対する考え方

　最後に、2020年から全世界で流行している新型コロナウィルスの影響が見られた。上述したワークライフバランスの変化とも関係するが、池田［2021］は、在宅勤務する女性は職場と生活と区別する物理的な場所違いがなくなり、子供を軸に生活のリズムを調整すると述べた。亀田ら［2022］は、学童期の子供を持つ家庭がコロナの影響による現状を分析し、子供との関わりが増えたという良い影響がある一方、自分の時間が足りなくなったという悪い影響もあると明らかにした。本研究は、未就学児の子供を持つ女性にフォーカスし、同じような影響が見られた。しかし、コロナの対策を始め、世の中ではウィズコロナになり、対人業務を行う女性と事務職を行う女性との間、職場復帰の難点につながる原因に異なる部分があり、それはコロナに対する考え方が異なることが原因だと解釈し、コロナの影響を良い影響とするか悪い影響とするかといった事象にも関係すると考えた。

　対人関係の仕事を行う女性は、コロナ関連の仕事に対応しなければならない業務が増え、通常業務に大きくマイナスな影響を与えた。一方、事務系の仕事を行う女性は、コロナによる在宅勤務ができ、通勤に費やす時間を節約できるため、子育てには大きなメリットをもたらした。対人関係の仕事は仕事の性質上在宅ワークができないため、コロナがマイナスな存在として捉える傾向が見られる。在宅やリモートワークなど女性の育児にかなりのメリットももたらしたと見られ、対人関係の女性にも同様な施策を施すことが望ましい。だが、現時点で現場仕事がリモートワークにできない現状があり、対人関係の仕事をする女性に対する職場内保育園など別の施策を急ぐ必要が見られる。

　上述の研究結果を合わせて、入社までの時期、初めて妊娠の時期、産休育休の時期、職場復帰の時期、復帰問題解決後の時期、合計5つの時期に分け、全ての調査対象者が出産による休職後の職場復帰で直面した難点、選択した経路、どのように乗り越えられたかをTEM図にまとめた。さらに、職場復帰前後で職場や私生活に対する考えの変化もまとめ、全員共通するものをTEM図に明[5]

記した。

おわりに

　本研究は女性が出産による休職後の職場復帰に関する新たな知見を多く見出
したが、研究人数と国籍設定が制約されている。研究人数は合計 8 人となり、
本研究で用いられた研究方法からすると比較的に多いと考えられるが、質的研
究では一般性としてどのようなものが存在する可能性があるかを探す探索的な
研究方法に過ぎないため、そのまま一般化はしにくいとも考えられる。それに
より、今回で得られた難点と意識変化は本当に職場復帰に影響があるかを定量
的研究で行う必要がある。もう 1 つの限界である国籍設定については、本研究
で中国と日本との比較により、外国籍女性と日本女性が職場復帰における意識
変化の相違点を明らかにした。しかし、同じく外国籍でもアジア圏文化とヨー
ロッパ圏文化といった文化違いや国籍による相違点も考えられるため、今後国
籍別の女性での比較も研究視野に入れておくべきである。
　研究人数と国籍設定といった研究の限界のほかに、今回の調査では「上司と
職場同僚の理解」と「出産経験の利用」のような女性の職場復帰に関する新た
な発見もできた。上司と職場同僚の理解は多くの調査対象者が言及し、出産に
よる休みの調整や育休の延長などといったハプニングがあった際に、周りの人
たちの理解がかなり必要であると述べた。出産や職場復帰の際に直面する難点
として語られていないが、ほとんどの調査対象者の職場では上司から同僚まで
ある程度の理解を得ていたからである。以下の語りからも女性が理解を得たこ
との重要性が示唆される。

　　Bさん
　　上司は本当に重要だと思います。本当に女の方だとこんなに向こうから

　いってくれる人いないだろうなと思うんですけど。全然嫌そうな声も出さ
ず困ったような感じも出さず何か妊娠中にやると大変だからっていうので
本当に気を遣っていただいたんで、私が申請しにくいってことはなかった
ですかね。…後略…

　また、今回の調査では２人目の子供を出産した女性は合計３人となり、その
女性たちは母親になったことによる出産経験と育児経験が２人目の時に生かす
ことができ、２人目の子供の出産後の職場復帰がよりスムーズになった。

　Fさん
　１人目は初めて自分が母親になって、子育てとか全くわからなかったかな
と思います。自分の中でもすごい挫折感がありました。なので、２人目の
子育ては１回目の経験を利用して、どのタイミングでどのようなことをす
べきなのかも把握できたので、現在はすごくスムーズに育児ができている
と自分でも思います。

　このように、２人の子供を出産した女性は妊娠から職場復帰の出産経験を上
手に利用した。日本企業も女性の出産状況を把握し、１人目の子供を出産する
場合に対し、より手厚い配慮が求められると予想される。先輩女性社員の経験
談や会社からのフォローが考えられ、実際に調査の中でも会社への希望として
言及されていた。また、２人目の女性の出産に関しては、状況に応じたフレキ
シブルな政策も望ましく、早く職場復帰したい女性もいるため、早期の職場復
帰など職場復帰の時期をより幅を広く持たせることを提案する。

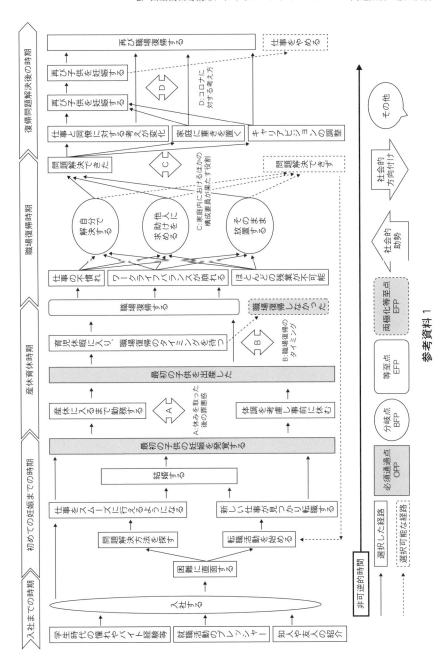

参考資料 1

謝辞

本研究は、8名の調査協力者のおかげで、大変貴重なデータを得ることができました。
それにより、新たな知見を得ることができまして、心よりお礼を申し上げます。

◉ 注

1)「国立社会保障・人口問題研究所「第14回出生動向基本調査」より。

2) 正規雇用とパートタイムなどの合計である。

3) 分析方法の用語説明を行う。

　非可逆的時間(Irreversible Time)：人生の流れそのものが非可逆の時間軸。

　必須通過点(OPP)：必ず通らなくてはいけないポイント。

　等至点(EFP)：ある特定状態に必ず到着する事象。

　両極化した等至点(P-EFP)：等至点(EFP)と対立する事象。

　分岐点(BFP)：人生経路が分岐するようなポイント。

　社会的助勢(SG)：選択を前進させ、人の行動を後押しになるような支援。

　社会的方向づけ(SD)：同じポイントもしくはほかの出来事に阻害な影響を与える要因。

　その他(Other)：分類が不可なもの。

4) 参考資料1にて確認できる。

5) 参考資料1にて確認できる。

◉ 参考文献

Bertalanffy, L. von ［1968］ *General System Theory: Foundations, Development, Applications*. New York: G. Braziller. (ベルタランフィ、L.フォン、長野敬・太田邦昌 訳『一般システム理論——その基礎・発展・応用——』みすず書房、1973年).

Chai, Y., Nandi, A., & Heymann, J. ［2018］ Does extending the duration of legislated paid maternity leave improve breastfeeding practices? Evidence from 38 low-income and middle-income countries., *BMJ Global Health*, 3(5), e001032.

Juengst, S. B., Royston, A., Huang, I., & Wright, B. ［2019］ Family leave and return-to-work experiences of physician mothers., *JAMA network open*, 2(10), e1913054-e1913054.

Kaufman, G. ［2018］ Barriers to equality: why British fathers do not use parental leave., *Community, Work & Family*, 21(3), pp.310-325.

Mandal, B. ［2018］ The effect of paid leave on maternal mental health., *Maternal and child health Journal*, 22(10), pp.1470-1476.

Stack, S. W., McKinney, C. M., Spiekerman, C., & Best, J. A. ［2018］ Childbearing and maternity leave in residency: determinants and well-being outcomes., *Postgraduate medical Journal*, 94(1118), 694-699.

Valsiner, J. ［2001］ *Comparative study of human cultural development*., Madrid: Fundacion Infancia y Aprendizaje.

網谷華・表志津子・岡本理恵・山田裕子［2018］「日本人男性を夫にもつ子育て中のアジア系外国人女性が家族との関係で抱く困難感」『Journal of wellness and health care』42 (1)、pp.75-84。

井川静恵・平尾智隆［2021］「ワーク・ライフ・バランス満足の決定要因——人事マイクロデータによる分析——」『日本労務学会誌』21(2)、pp.5-20。

池田梨恵子［2021］「緊急事態宣言下におけるテレワークを行う女性のワークライフバランス——オンラインインタビュー調査を通じて——」『評論・社会科学』138、pp.165-186。

岩谷とよこ・津本優子［2020］「育児休業明け2年未満の看護職の仕事と生活の調和実現度と上司の支援との関連」『島根大学医学部紀要』42、pp.1-9。

上原克仁・大湾秀雄・高橋新吾・都留康［2013］「店長は重要か?——大手自動車販売会社の人事・製品取引データによる計量的事例研究——」『経済研究』64(3)、pp.204-217。

大関信子・牛嶋廣治・ノールズアラン・浅田豊［2006］「在日外国人女性の異文化ストレス要因と精神健康度調査」『女性心身医学』11(2)、pp.141-151。

尾曲美香［2019］「育児休業取得による父親の変化——職業生活と家庭生活に着目して——」『生活社会科学研究』26、pp.29-42。

加藤喜久子・平賀明子［2014］「ワーク・ライフ・バランスの職場環境——労働市場の女性化をめぐる問題——」『現代社会学研究』27(0)、pp.19-36。

亀田佐知子・井戸ゆかり・園田巌・横山草介・早坂信哉［2022］「新型コロナウイルス感染症拡大における学童期の子どもをもつ家庭の現状と課題」『日本健康開発雑誌』pp.1-12。

川崎千恵［2014］「在日外国人女性(Immigrant women)の出産・育児経験と支援ニーズに関する文献レビュー」『日本地域看護学会誌』16(3)、pp.90-97。

木村三千世［2019］「長時間労働を解消するための働き方改革に関する一考察——ワーク・ライフ・バランス実現の視点から——」『四天王寺大学紀要』67、pp.235-254。

厚生労働省［2010］「人口動態統計(確定数)の概要　別表」https://www.mhlw.go.jp/toukei/saikin/hw/jinkou/kakutei20/dl/01_cho.pdf　(2021年10月15日閲覧)。

———［2018］『平成30年労働安全衛生調査』pp.1-24。

———［2020］「人口動態統計(確定数)の概要　別表」https://www.mhlw.go.jp/toukei/saikin/hw/jinkou/kakutei20/dl/01_cho.pdf　(2021年10月15日閲覧)。

小山文彦［2020］「働く女性の治療と仕事の両立支援」『女性心身医学』24(3)、pp.269-272.

杉原喜代美・宮武陽子・栗田佳江・市江和子(2020)「初産婦で育児期にある既婚臨床看護師の疲労と睡眠の実態——産後育児休業中の臨床看護師に対する調査——」『足利大学看護学研究紀要』8(1)、pp.41-50。

髙綾子・末永由理・宮本千津子［2021］「潜在看護師の復職及び就業継続における子育てに関するコミュニティの関与」『日本看護管理学会誌』25(1)、pp.151-160。

武田真由美［2007］「A県における在日外国人の子育てニーズに関する探索的研究——在日外国人保護者、行政担当者、支援者へのインタビュー調査より——」『関西学院大学社会学部紀要』103、pp.115-127。

丹美玖・新後閑俊之・宮前正憲・井川沙希子・武谷洋子・舩津知彦・櫻井信司［2021］「当院職員におけるインフルエンザの罹患調査——ワクチン接種と診断確定時の臨床症状、勤務状況の分析——」『医学検査』70(2)、pp.318-324。

津田洋子・武田健吾・平澤めぐ美・丸山遥・水畑戒・本村鷹多朗・森谷方良・柳澤匠・塚原照臣・野見山哲生［2012］「長野県内医療機関の女性医師及び女性看護師への職場復帰支援の現状」『信州公衆衛生雑誌』7(1)、pp.60-61。

鶴岡章子［2008］「在日外国人母の妊娠,出産および育児に伴うジレンマの特徴」『千葉看護学会会誌』14(1)、pp.115-123。

西岡笑子・高橋明美・今野友美［2019］「在日外国人女性労働者の妊娠、出産、育児についての文献レビューおよび事例紹介」『保健の科学』61(4)、pp.253-261。

橋本秀実・伊藤薫・山路由実子・佐々木由香・村嶋正幸・柳澤理子［2011］「在日外国人女性の日本での妊娠・出産・育児の困難とそれを乗り越える方略」『国際保健医療』26(4)、pp.281-293。

廣川空美・大脇多美代・大平哲也・茂松茂人［2019］「「大阪版事業場のこころの健康専門家ガイド」試用に至る事業場のメンタルヘルス対策状況」『労働安全衛生研究』12(3)、pp.145-151。

深堀遼太郎［2017］「正規就業女性の育児休業期間に関する要因分析」『生活経済学研究』46(0)、pp.39-54。

法務省［2019］『令和元年末現在における在留外国人数について』https://www.moj.go.jp/content/001317545.pdf (2021年8月15日閲覧)。

武藤剛・横山和仁・遠藤源樹［2018］「少子高齢化対策としての職業生活と健康・社会問題の両立——妊孕性保護、育児ならびに疾病治療に対する支援——」『日本衛生学雑誌』73(2)、pp.200-209。

室野奈緒子・石垣和子・塚田久恵・阿部智恵子［2021］「人事労務担当者との連携における産業看護職の役割の構造——メンタルヘルス不調者の職場復帰支援を通して——」『石川看護雑誌』18、pp.13-24。

安田裕子・滑田明暢・福田茉莉・佐藤達哉［2015］『複線径路等至性アプローチの基礎を学ぶ』新曜社。

渡邊明寿香・仲座舞姫・石原綾子・山本和儀・伊藤大輔［2019］「うつ症状を主訴とした休職者に対する職場の問題に焦点化した集団認知行動療法の効果——職場復帰困難感に着目して——」『認知行動療法研究』45(3)、pp.137-147。

（**筆者＝**立命館大学大学院）

特 別 講 演

教員の労働問題
　——法的課題と法改正等へ向けた取り組み——

　　　　　　　　　　　　　　　　　　　　　嶋﨑　　量

教員の労働問題
——法的課題と法改正等へ向けた取り組み——

Labor Problems of Teachers
—Efforts for Legal Issues and Law Amendment, etc.

嶋﨑　　量　SHIMASAKI　Chikara

は じ め に

　講演では、公立学校教員の長時間労働の問題に関する法的課題と、当職が関わる法改正の取り組みについて報告を行った。

　この問題を考えるうえで重要な法的課題は、給特法（「公立の義務教育諸学校等の教育職員の給与等に関する特別措置法」）の存在である。

　当職は、労働者・労働組合の立場で活動する弁護士の立場から、法的な観点から執筆や講演などを行ったりするだけでなく、研究者・現職の教員など共に署名活動などにも取り組んでおり、その活動の一端も紹介させていただいた。

I　教員の長時間労働に取り組み始めた経緯

　当職がこの問題に取り組む契機は、いわゆる「ブラック企業」問題の取り組みである。社会に出て直ぐの若者が労働問題の被害に遭う対策として、学校でのワークルール教育に取り組む中、ワークルール教育の担い手となる教員の労働実態の異常さに目がいった。長時間労働の中で教員が「やり甲斐搾取」をされ、給特法により民間企業や他の公務員のような法的保護が及ばないのにそれが「聖職」であるからと放置される職場風土の異常さである。

　子ども達に大きな影響を与える、こういった教員自身の働き方を変えていくことは、その教え子である子ども達の労働感にも良い影響があると訴えている。

Ⅱ　教員不足の実情

　新学期の教員不足、教員の労働環境の悪化からなり手不足の深刻化が注目された。文科省調査（令和4年1月）によれば、公立の小中高校で学級担任を担当すべき教師不足で本来担任ではない職務の教師が学級担任を代替するケースは474件あるという。この状況が子どもの教育環境を悪化させているのは間違いない。

Ⅲ　教員の長時間労働が生み出す弊害

　弊害は、過労死など教員の命・健康の被害にとどまらない。人間らしい生活時間を奪う（教員の子どもを含む家族への負担をも伴う→教員が教師として必要な人間性・創造性を培う機会を奪う）、教員の離職者増加や新規希望者の減少を生み、多くの教員が、他者のケア（育児・介護）を負担しない働き方ができる人（ケアレス・マン）を前提にした働き方でないと正社員として当たり前の働き方ができない、「ケアレス・マンモデル」となっており、長時間労働できない教員が職場で居場所をなくし、女性労働者が排除されがちである問題もある。教員職場でこういった歪んだ働き方を子ども達に見せつけることは、子ども達の将来にとっても、働き方の悪い見本を示すことになる。私生活を犠牲にやり甲斐搾取され働く教員の姿を見せることは、子ども達の将来の職業生活にとってもプラスではないのだ。

　こういった社会全体に与える悪影響は、法改正に向けた運動を進めるうえでも重要だ。

　法改正の点では、地方公務員である公立学校教員は、個別労使関係のみで労働条件を是正できず、給特法という法改正や条例改正が不可欠だ。給特法改正により残業代支出がなされる状況は、予算支出の壁を乗り越える必要がある。

法改正を実現するには、教育関係者に留まらない社会全体の支援が必要であり、この問題が社会全体の課題であることを周知し、投票行動に影響するような世論形成が必要だ。

　文科省が2021年3月に始めた「#教師のバトン　プロジェクト」は、文科省が教員不足を解消するために始めたプロジェクトだが、大炎上して話題となった。文科省は、若い世代になじみのあるTwitter等で教員の魅力・やり甲斐のアピールし教員不足解消をもくろんだが、このハッシュタグが炎上し、教員の長時間労働の問題を可視化するのに一役買った。「#教師のバトン　プロジェクト」の結末は、今後、教員の長時間労働の是正に取り組むうえで、社会全体に向けた情報発信を行う重要性を再認識させる結果となった。

Ⅳ　法 的 課 題

1　給特法等の制度の概説

　給特法により、公立学校教員には、基本給4％の教職調整額が支給される代わり（平均的な時間数・月間8時間程度に対応）残業代が支払われない（労基法の例外）。これが、法的観点からみた、教員の長時間労働の最大の要因である。

　公立学校教員には、給特法により労基法37条が適用されず、同条の趣旨である長時間労働抑止の趣旨が及ばない。何時間働かせてもそれに見合った残業代支払いが要求されず、長時間労働が長年放置され、長時間労働に無頓着な職場風土が醸成されてきた。

2　運用の問題

　給特法の問題の核心は、「労働」であること自体を否定されることにあり、判例も残業代の支払いを否定する。給特法が想定する「労働」を「自由意思が極めて強く拘束」するほどの指示が必要であるが、そのような指示はなかったから教員が「自発的、自主的意思に基づいて遂行」したもので「労働」と評価

されないという論理だ（さいたま地裁判決・令3.10.1を紹介した）。

　しかし、実際の教員の残業は教員が「自発的、自主的意思に基づいて遂行」したもので「労働」と評価されないというのはあり得ない解釈であるし、現行制度の運営上もこれを「労働」と評価しないのは非論理的である。超勤4項目以外の典型例である部活指導についてみても「学校教育の一環」と明確に位置づけられて、校長などから命じられ教員は中核的業務の一部と認識して担当している。

　とはいえ、現在の給特法を維持しつつ法廷闘争で現状の運用を変えられるのかといえば、当職はその実現可能性について懐疑的であり、給特法の法改正自体の運動に取り組んでいる。

3　法改正に向けた視点

　教員に限らず、長時間労働の是正に必要な対策は類型化するとシンプルであり、① 労働者を増やす ② 業務を削減する ③ 業務を効率化する、しかない。

　①（場合によっては③の初期投資等にも）には予算の壁がある。②については、学校の教師の業務を明確化し、基本的に学校以外が担うべき業務か【例：登下校の対応】、学校の業務だが教師が担う必要のない業務か【例：部活動】、教師の業務だが負担軽減が可能な業務か【例：給食指導】、削減に向けて取り組む必要がある。

4　法改正等の動向

（1）上限指針

　平成30年7月に公布された働き方改革関連法による労基法改正により、民間企業等で36協定による時間外労働の罰則付上限規制が定められたことをうけて、地方公務員も人事院規則を踏まえて、各地方公共団体で超過勤務命令の上限時間を条例や規則で定めることになった。これを受け、公立学校教員にも上限指針が策定された。

　この点、公立学校教員には給特法が適用され、超過勤務命令に基づいて業務

を行うのはいわゆる超勤 4 項目に限定され、それ以外の業務が条例等の対象とならない。しかし、平成 31 年 1 月「公立学校の教師の勤務時間の上限に関するガイドライン」が策定され、超勤 4 項目以外も含めた労働時間を「在校等時間」として労働時間管理の対象とすることを明確になった。

　その後、令和元年 12 月 4 日の給特法改正（同法 7 条）で、上記ガイドラインが実効性を高めるため法的根拠ある「指針」へと格上げされ令和 2 年 1 月 17 日に公示された（令和 2 年 4 月 1 日から適用）。

（2）在校等時間と上限指針の概要

　上限指針では在校等時間という概念が用いられ、労働時間的なものが把握されるようになった。この在校等時間は、労基法上の労働時間とは異なり、超勤 4 項目以外の業務も含め教師が校内に在校している時間及び校外での業務の時間を外形的に把握した上で合算し、そこから休憩時間及び業務外の時間を除いた概念である（ただし、基本的に教員が自宅等に持ち帰って業務を行った時間は含まれないとされている）。

　また、教員の時間外勤務の上限を定める指針が確定され、労基法の罰則付上限規制の内容を踏まえたその上限時間も定められた（原則として月 45 時間）。

　かかる在校等時間は、ICT の活用やタイムカード等により客観的に計測し、校外の時間についても、できる限り客観的な方法により計測するとされ、上限時間の遵守を形式的に行うことが目的化し、実際より短い虚偽の時間を記録に残したり、残させたりするようなことがあってはならないとされた。

（3）現状の対策に対する評価

　当面は在校等時間の上限の数値が守れないとしても、客観的な労働時間が把握されていけば、教員の労働実態が可視化され、将来の給特法改正など実効性ある法改正に向けた契機となる。現場で何よりも重要なのは、客観的な在校等時間の把握である。

　他方、上限時間内に在校等時間を収めようと過小に見積もられた虚偽の在校等時間が把握されるなど、労働実態が過小把握されたら、給特法の将来的な抜

本的な見直しの機運をもそがれてしまう。

　現場では、上限指針が求める客観的な在校等時間把握が決して容易ではないことを強く認識をし、それ自体を重要課題として位置づけることが重要だ。

　公立学校教員は、長年にわたり、給特法の下で残業代が払われず労働時間が把握されない職場実態があり、教員からすれば自身の残業代支払いにも直結しないうえに、煩わしい作業であり（長時間労働の記録があると、業務は削減せず「早く帰れ」という管理職からの注意指導をうけるケースも多い）、労働時間把握に努める動機を見いだし辛いのが実情だ。

　だからこそ、労使双方の努力で、労働時間把握の意義を周知し職場の意識を変え、客観的な労働時間把握をすることが重要だ。

　そして、現場の意識改革や時短の取り組みを進めるうえでも、労働組合の存在が重要だ。労働組合の関与なしには、労働時間把握に対する職場風土を変えることも、法改正の趣旨を正しく現場に徹底することもできないだろう。

V　法改正等に向けた取り組み

　給特法改正については、多くの予算措置が必要である事などから、現実性がないとの意見も根強い。

　この予算支出の壁をどうやって突破するのかは、法改正に向けた最大の課題だ。

　とはいえ、たとえば、教職調整額を一定額増額するだけの法改正であれば、長時間労働抑制には何の影響力もない。残業代支払いを避けるために、使用者が業務削減に本気で取り組む状況が産まれなければ、長時間労働の是正は実現しないだろう。

　当職は、既に基本給的な地位を占める教職調整額４％は維持しつつ、労基法の労働時間規制（残業代・上限規制）に服するようにし、さらに、時間外勤務について調整休暇制度を新たに創設して時間清算も併用できるようにすべきと考える。[1] 給特法が廃止されることで業務削減が後押しされ、年間9000億になると

も指摘されている教員の残業代も、さらに削減されるだろう。予算の壁は、業務削減を進めれば想定より小さくもなる。

　他方で、給特法改正が教職調整額の引き上げのみであれば、そのような法改正には反対だ。割増賃金支払いの抑止効果が無い法改正では、長時間労働是正に結びつかないし、むしろ長時間労働を固定化しかねない。残業に対する賃金支払いが一定程度なされても、長時間労働が放置されて固定化してしまう状況は、長時間労働是正という、法改正の狙いとは真逆だ。

　また、法改正実現の有無にかかわらず、教員の長時間労働是正は、給特法の改正だけでは実現しない点も強調した。最終的には、地方自治体・職場単位で、労使の具体的な業務削減・人員増の取り組みがなければ、労働時間の削減が不可能であるから、法改正すれば長時間労働是止が実現するという、他者依存的な意識では、長時間労働は是正されない。

　教員の中にも、教員としてのやり甲斐、「子どものため」という理由から、長時間労働の是正に対して否定的な意見も実は少なくない。教員の中に未だ根強い「聖職」意識を打ち払い、労働者としての当たり前の自覚を根付かせ、教員が仕事と同時に自らの生活時間をも重視して振る舞う姿を子ども達に見せることが、長い目でみれば、子ども達にも有益なはずだ。

　そのためにも、教職員の労働組合が先頭にたち、子ども達や保護者をも巻き込むような法改正に向けた運動が進められることを願いつつ、この問題に取り組んでいる。

● **注**
１）連合総研［2016］で提案されている。

● **参考文献**
連合総研［2016］『とりもどせ！教職員の「生活時間」――日本における教職員の働き方・労働時間の実態に関する研究委員会報告書――』。

（**筆者＝弁護士**）

自由投稿
【研究論文】

1. 日本版インクルージョン尺度の作成と信頼性および妥当性の
   検討

脇　夕希子、三井　雄一

1. 日本版インクルージョン尺度の作成と信頼性および妥当性の検討

Development of the Japanese version of Inclusion Scale (JIS) and its Reliability and Validity

脇　夕希子　WAKI Yukiko

三井　雄一　MITSUI Yuichi

はじめに

　日本の企業において、少子高齢化による労働力不足、多国籍企業との取引関係、近年ではSDGsの進展を背景に、多様な従業員を雇用し、活用していくマネジメント、すなわちダイバーシティ・マネジメントの取組および研究が進展している。古澤 [2021] は、ダイバーシティ関連の新聞記事を調査し、日本においては女性を対象にした議論が中心に進んでいると説明する。しかし、従業員の多様性は単独ではなく複数の多様性からなる。したがって、特定多様性の分析視点からのダイバーシティ・マネジメント研究だけでなく、雇用される従業員は複数の多様性を包含していると捉えたダイバーシティ・マネジメント研究が必要とされよう。

　このような視座を受け、ダイバーシティ・マネジメント研究の進展とともにインクルージョンという概念が注目されている。インクルージョンとは従業員がその組織の一員であるとか、その組織で自分らしさが発揮できているという従業員の認知である [脇 2019：38]。経営学におけるインクルージョン研究はダイバーシティの文脈で語られることが多いが、インクルージョンそのものは必ずしもダイバーシティ、つまり組織内の多様性問題を前提としない。

　日本国内では従業員のインクルージョン認知を定量的に扱った研究がまだ少なく、取り扱っている一部の研究においても海外の研究で提示された尺度を

各々の研究者が日本語訳し、利用している。[1] しかし、それらの尺度は、海外企業の外国人雇用者を対象に構築されたものである。日本においては長期雇用や年功賃金といった独自の雇用慣行が存在しており、日本で働く従業員のインクルージョン認知にも影響を与えているのではないだろうか。

　以上により、本論文は、日本で働く従業員が認知するインクルージョンを測定する尺度として、先行研究により提示されているインクルージョン尺度の援用可能性を検討し、日本版インクルージョン尺度を作成することを目的とする。また、本調査では、より汎用な尺度開発を目的としているため、従業員の属性による差異を対象としない、「組織成員としての受容」を測定するインクルージョン尺度の作成を試みる。インクルージョンは、組織へのコミットメント向上が期待でき、[2] 組織へのコミットメントは転職意図を下げる研究がある。[3] 日本において少子高齢化による労働力不足が顕在化するなか、本論文の日本版インクルージョン尺度の開発は、今後の日本企業の人材維持施策に有用なものとなるだろう。

I　先行研究の検討

1　ダイバーシティとインクルージョンの概念的差異

　近年、ダイバーシティ・マネジメント研究やその取組ではダイバーシティという概念だけでなくダイバーシティ＆インクルージョンという概念が用いられ実施されている。[4] そこでまず本稿でのダイバーシティとインクルージョンの概念的差異を先行研究より明確にする。本稿では、ダイバーシティを「人口動態上で異なる人々を組織の中で雇用すること」と定義する。[5] 一方。インクルージョンを「従業員がその組織の中で所属感と自分らしさが発揮でき、組織の中でそれらが受け入れられているという従業員の認知」であると定義する。[6]

　このように、ダイバーシティとインクルージョンは区別できる概念といえる。Mor Barak [2017] は、ダイバーシティはあるがインクルージョンがない組織（多

様な従業員が採用されているが、インクルージョン認知が低い状態)、インクルージョンがあるがダイバーシティがない状態（特定の属性のみで構成される職場など）が存在する［Mor Barak 2017：303］と指摘する。

2　日本特有の雇用環境

　海外で進展するインクルージョンの定量研究の分析尺度は、日本国外の雇用慣行下で働く従業員を対象に構築されている。しかし、日本においては特有の雇用環境があるにもかかわらず、先行研究で提示されるインクルージョン尺度が日本国内企業の従業員に援用可能なのか検証されていない。そこで本節では最初に日本特有の雇用環境を確認し、次に、Mor Barak［2005］のインクルージョンの下位概念である3つの因子（意思決定、情報ネットワーク、参画／関与の度合い）の視点を企業内の仕事の進め方と関連させて概観する。

　日本の雇用制度の特徴として長期雇用と年功賃金があげられる。神林［2016］は5つの期間（1982〜92年、1987〜97年、1992〜2002年、1997〜2007年、2002〜2012年）での25歳〜29歳、および35歳〜39歳大卒者、各調査期間10年間の残存率を調査した。大卒男性の残存率で最も低い年代は2002〜2012年の25〜29歳であり、それは55％である。また、大卒女性の残存率で最も低い年代は2002〜2012年の25〜29歳であり、それは30％である。男女差が大きいことは認めながらも、最も残存率の高い1982〜92年よりも2002〜2012年の方が女性の大学進学率が高いため、残存者を比較すると2002〜20012年の方が多いことを示す。さらに、年功賃金に関しても、1990年代後半に年功賃金体系が緩やかになったものの、2000年代以降も年功賃金体系を緩やかにし続けた事業所は一部にとどまり、年功賃金体系を捨て去るまでは至っていないと述べる。これらの結果を踏まえ、筆者は日本の長期雇用慣行や年功賃金体系は残っていると結論付ける。このように、日本における雇用慣行は現在でも続いていると考えられる。

　次に、Mor Barak［2005］が指摘するインクルージョン下位概念の3つの因子（意思決定、情報ネットワーク、参画／関与の度合い）から、企業内の仕事の進め

方を概観する。意思決定の方法の１つに稟議制度がある。小野 [1983] による
と、稟議制度とは「経営上重要な事項が、組織体（企業など）の下部（中間の管
理層）で立案され、書類（稟議書）によって関係者に回覧（会議でなく）された上で、
上長または上部機関によって決裁（決定、承認または否認）される制度である」[小
野 1983：5]。稟議制度は、問題に対応する担当者がその対応策を策定し、その
上位者に提案する。したがって、意思決定過程が下位者から上位者にボトムアッ
プしていくことから、その意思決定に下位者が参加していると言える。さらに、
植村 [1982] によると、稟議書による回議の前には「根まわし」と呼ばれる非
公式の意思調整が行われるため、回議される発案はすでに承認されたものであ
る [植村 1982：195]。このような稟議制度での意思決定は「みんなで認めたも
の」となり、日本の集団主義という文化に関連した決定方法であると述べ [植
村 1982：192]、稟議制度を「個人の職務上の行為に関する決定を集団的におこ
なうもの」[植村 1982：188] と説明する。吉野 [1975] は稟議制度を「集団の参画
および合意による意思決定を基本としている」[吉野 1975：283] と指摘する。こ
れらより、稟議制度は従業員の意思決定意識だけでなく、従業員の組織への参
画意識にも影響を与えよう。また、根回しを踏まえた稟議制度は、所属してい
るグループや課に直接関わりのある（問題の対応策を担当する）情報がやり取りさ
れるため、情報ネットワークに関する従業員のインクルージョン認知にも影響
を及ぼすだろう。

　在米国の日系企業で働く日本人従業員と米国人従業員の仕事の進め方や意見
の発言方法、情報共有の方法が異なるとの研究もある。西田 [2007] によると、
意思決定に関して、前述のとおり日本は稟議制度などで経営参加を促し、みん
なで意見の一致を目指す一方で、米国ではこのようなやり方は不正取引と見ら
れがちで公的な議論がされるべきであるとの考えがある。意思決定もトップが
行うとの認識がある [西田 2007：427]。情報共有に関しても米国従業員は「組織
に属する者（特に同じ職位にある者）には均等に情報を公開する」[西田 2007：428]
と考えられている一方で、日本人従業員の情報共有は「たとえ組織であっても、

一部の人間のみで共有される情報もある」[西田 2007：428] と認識していると指摘する。したがって、日本の従業員は自身の職務に影響のある場合での情報は手に入りやすい状況がある一方で、すべての情報は共有されないことも認めており、日米従業員間で情報アクセス意識に差異が生じていることがわかる。

このように、日本には特有の雇用環境や企業内での仕事の進め方が存在し、それらは先行研究の示すインクルージョン尺度に対する従業員の認知に影響していると考えられる。そこで次章以降で既存のインクルージョン尺度の日本国内企業の従業員への援用について検討していきたい。

3　インクルージョン尺度に関する先行研究

日本において、インクルージョンに関する実証研究は多くないものの、いくつかは存在する ［正木・村本 2017; 林ら 2019; 佐藤ら 2020］。しかしながら、これらの研究で使用される尺度の多くは海外論文の分析尺度が利用されている。

先行研究において提示されているインクルージョンに関連した尺度は大きく分けて 2 つの観点から分類することができる。1 つ目は、回答者が所属する組織または組織成員と回答者との関係を対象とする尺度である。例えば、Mor Barak ［2005］ は、Mor Barak＆Cherin ［1998］ が提唱したインクルージョン尺度をベースとして項目を追加し、より構造的な概念的枠組みを加えたものである。この尺度は、5 つの仕事・組織システムレベル（ワークグループ、組織、上司、上級管理職、ソーシャル/インフォーマル）と 3 つの因子（意思決定、情報ネットワーク、参加/関与の度合い）が交差するマトリクス・システムを使用している。測定項目は全15項目で各因子に 5 項目ずつとなっている。これらの尺度は組織成員と回答者との関係を対象とする点で「対人インクルージョン」尺度といえよう。さらに、回答者の属する組織と回答者との関係に対しての評価を問う尺度としてJansen et al. ［2014］ がある。この研究は、インクルージョンを帰属意識と真正性（authenticity；ありのままの自分）の認識という 2 つの下位因子からなっている。帰属意識とは、組織のメンバーシップと組織への愛着を指し、真正性の認識と

は、真正性の余地と真正性の価値の認識を意味する。各因子は8項目の確認因子によって構成される。このような尺度は特定個人ではなく、組織と回答者との関係によって規定される尺度であるため「対組織インクルージョン」尺度といえる。これら尺度は共通して、回答者の所属する組織または組織成員と回答者の間に存在するインクルージョンの程度を問うものである。

　2つ目のインクルージョン尺度として、回答者の所属する組織にある風土や文化を対象とする「インクルージョン風土」尺度があげられる [Roberson 2006；Nishii 2013]。これら尺度に共通するのは、回答者個人がおかれている環境や直接受けている扱いではなく、所属する組織に制度や風土が存在しているかを問うている点である。

　これら、評価の対象という観点から2つの尺度について整理してきた。日本は旧来の雇用慣行を色濃く残しつつ、米国で生じたダイバーシティ・マネジメントの考え方を取り入れようという潮流が波及しだした、いわば変革期である。そのため日本国内の企業において、組織内のインクルージョン制度や風土に対する評価は組織ごとにその基準が大きく異なることが推測される。そこで本稿では組織風土ではなく従業員個人のおかれている状況への評価に焦点を当て、日本版尺度の開発をすすめたい。

II　調　査

1　調査の目的

　本調査の目的は、職場におけるインクルージョン尺度の日本版（以下、JIS）を作成し、日本人サンプルを対象に基礎的な検討を行うことである。また、本稿における統計学的分析には、SPSS Ver.24.0 for WindowsおよびAmos Ver.24.0を使用した。

1.1　被調査者

　オンライン調査会社のモニターとして登録している20歳以上の全国の男女計

1500名が調査に参加した。参加者はインターネットを通して質問フォームへ回答を行った。対象としたのは日本国内に所在する一般企業に1年以上勤める、管理職を除く正規社員1500名である[7]（男性：807名、女性：693名、平均年齢：42.21歳、平均勤続年数：10.80年）。

1.2 項目の作成

インクルージョン尺度を提示している先行研究としてMor Barak [2005]、Jansen et al. [2014] の2つの尺度を、英語を専門とする研究者2名と翻訳会社に日本語への翻訳を依頼し、そのうえで筆者らによる合議によって原版と等質な項目となるように訳文を再検討し、修正を行った。さらに、導出された日本語訳を翻訳会社に逆翻訳（BT）を依頼し再度、筆者らによる合議によって検討し、修正を行った。各項目は「1：全く当てはまらない」から「6：非常に当てはまる」の6件法で回答する。

2 結果

2.1 項目分析

日本版調査票の質問項目ごとに平均値と標準偏差を算出し、天井効果とフロア効果について検討し、31項目すべてにおいて天井効果、フロア効果はともにみられなかった。さらにQ-Qプロットを用いて正規性を検討した結果、すべての項目に正規性が認められた。

2.2 因子構造の検討

① JIS-P（日本版対人インクルージョン尺度）

15項目の質問項目を用いて因子分析を行った。（最尤法、スクリープロットにより因子数を決定）を行った。初期解における固有値の減衰状況（第1因子から第2因子まで、4.694,0.990）から判断して1因子が採択された[8]。さらに因子分析（最尤法、バリマックス回転）を行い、各項目のうち因子負荷が0.35に満たなかった3項目（「5．組織の重要な変更については、たいてい最後に知ることになる」「8．上司は私と情報を

表1 日本版対人インクルージョン尺度分析結果(負荷量行列)

項目	
9. 上司との検討・評価会議に積極的に参加させてもらえる	0.732
4. 自分の組織に影響を与える決定に影響を与えることができる	0.718
6. 自分の組織の重要な会議には、たいてい招かれる	0.694
12. 直属の上司よりも上の管理職との会議に参加するよう勧められることが多い	0.673
1. 自分たちの仕事に関して、組織内の決定に影響力がある	0.66
7. 私の上司は、重要な決定をする前に私の意見を聞くことが多い	0.651
10. 直属の上司よりも上の管理職との会議で、自分の意見を述べるように勧められることが多い	0.642
3. 私は通常、自分の組織の仕事関連の活動に積極的に参加し、招待される	0.63
14. 私は非公式の社会活動や会社の社交行事について、常に情報を得ている	0.566
11. 直属の上司よりも上の管理職から頻繁に連絡を受ける(例:メモ、電子メール)	0.496
13. 自分の職務とは直接関係のない社会的活動の企画に参加するよう求められることが多い	0.396
2. 同僚が仕事に関する情報をオープンにしてくれている	0.358
累積寄与率(%)	37.546

共有していない」「15. 同僚が仕事の後にランチや飲みに行っても、ほとんど誘われない」)を削除した。再度分析の結果は**表1**に示す通りである。累積寄与率は37.546、a係数は0.871であった。また、Item-Total相関分析では、因子分析結果による13項目の各項目と合計点との間でSpearmanの順位相関係数を求めたところ、1項目にやや低い係数が確認されたが(項目2：0.365)、0.365～0.736とやや弱い～やや強い有意な相関を認めた($p<0.01$)。確証的因子分析の結果、モデル適合度は12項目で、GFI=0.924、AGFI＝0.890、CFI＝0.910、RMSEA＝0.082であり、一定のモデル妥当性を示した。

② JIS-O(日本版対組織インクルージョン尺度)

対組織インクルージョンについて、16項目の質問項目を用いて因子分析を行った。初期解における固有値の減衰状況(第1因子、9.469)から判断して、1因子構造が示されたが、Jansen et al.［2014］の示す2因子構造については真正性と帰属意識の2因子間に相関があることが認められているため、双方の因子構造について分析をすすめ、検討することとした。因子分析を行った結果、1因子構造では(最尤法、バリマックス回転)、すべての項目において因子負荷量が0.35を上回った(**表2**参照)。累積寄与率は59.179%、a係数は0.958であった。Item-

表2　日本版対組織インクルージョン尺度分析結果（負荷量行列）_1因子構造

項目	
13.この組織は、私が自分であることを後押ししてくれる。	0.818
10.この組織では、私が私らしくあることができる。	0.81
16.この組織は、私がありのままの自分を提示することを奨励してくれる。	0.809
14.この組織は、私がありのままでいることを奨励してくれる。	0.804
11.この組織では、私は本物の自分を表現することができる。	0.798
12.この組織では、ありのままの自分を表現することができる。	0.794
15.この組織は、私が真の自分を表現することを後押ししてくれる。	0.792
3.この組織は、私に合っているという感覚を与えてくれる。	0.781
2.この組織は、私がこの組織の一員であることを感じさせてくれる。	0.775
6.この組織は私を評価してくれる。	0.76
9.この組織のおかげで、私は正直になることができる。	0.759
8.この組織は私のことを気にかけてくれている。	0.748
5.この組織は私を気に入ってくれている。	0.735
1.この組織は、私に帰属感を与えてくれる。	0.725
7.この組織は私に満足している。	0.703
4.この組織は、私を組織の一員として扱ってくれる。	0.679
累積寄与率（%）	59.179

表3　日本版対組織インクルージョン尺度分析結果（負荷量行列）_2因子構造

項目	真正性	帰属意識
12.この組織では、ありのままの自分を表現することができる。	**0.835**	-0.012
11.この組織では、私は本物の自分を表現することができる。	**0.818**	0.007
10.この組織では、私が私らしくあることができる。	**0.781**	0.057
9.この組織のおかげで、私は正直になることができる。	**0.771**	0.01
15.この組織は、私が真の自分を表現することを後押ししてくれる。	**0.636**	0.192
14.この組織は、私がありのままでいることを奨励してくれる。	**0.609**	0.233
16.この組織は、私がありのままの自分を提示することを奨励してくれる。	**0.602**	0.243
13.この組織は、私が自分であることを後押ししてくれる。	**0.587**	0.265
4.この組織は、私を組織の一員として扱ってくれる。	-0.047	**0.784**
8.この組織は私のことを気にかけてくれている。	0.059	**0.746**
5.この組織は私を気に入ってくれている。	0.062	**0.73**
2.この組織は、私がこの組織の一員であることを感じさせてくれる。	0.175	**0.639**
6.この組織は私を評価してくれる。	0.193	**0.63**
7.この組織は私に満足している。	0.259	**0.48**
因子間相関	I	II
I	―	0.814
II		―
累積寄与率（%）	59.758	63.051

Total相関分析では、0.646～0.828と中程度～強い有意な相関を認めた（$p<0.01$）。確証的因子分析の結果、モデル適合度は16項目で、GFI=0.917、AGFI=0.891、CFI=0.957、RMSEA=0.069であり、一定のモデル妥当性を示した。

　一方で、2因子構造では（最尤法、プロマックス回転）、各項目のうち2つの因子に同程度（0.35以上）の因子負荷をもつ2項目（「1.この組織は、私に帰属感を与えてくれる」「3.この組織は、私に合っているという感覚を与えてくれる」）を削除した。再分析の結果は**表3**に示す通りである。累積寄与率は63.051、a係数は「真正性」が0.938、「帰属意識」が0.895であった。Item-Total相関分析では、「真正性」で0.773～0.815「帰属意識」では0.580～0.688と中程度～強い有意な相関を認めた（$p<0.01$）。確証的因子分析の結果、モデル適合度は「真正性」ではGFI=0.978、AGFI=0.961、CFI=0.988、RMSEA=0.059、「帰属意識」ではGFI=0.990、AGFI=0.976、CFI=0.992、RMSEA=0.052、2因子構造14項

目で、GFI=0.970、AGFI=0.959、CFI=0.985、RMSEA=0.045であり、一定のモデル妥当性を示した。また、モデルの適合度比較においては、1因子構造モデルがAIC=918.021、BIC=1088.044、2因子構造モデルがAIC=362.120、BIC=516.204と2因子構造の方がモデルの当てはまりが良いことが示された。

Ⅲ　考　　察

　JIS-Pに関して、因子構造はMor Barak(2005)の示す3因子構造はみられなかったものの、いくつかの先行研究が指摘する1因子構造が確認された。一方で3項目（「5. 組織の重要な変更については、たいてい最後に知ることになる」「8. 上司は私と情報を共有していない」「15. 同僚が仕事の後にランチや飲みに行っても、ほとんど誘われない」）が除外された点については以下のように考える。項目5、8についてはⅠ章2節で触れたように日本人は、組織成員間での情報の非対称性は自明のものとして認識しており、欧米人に比べて、インクルージョン認知と情報へのアクセスとの関連性が希薄であることが要因であると考えられる。また、項目15については、調査実施時期が新型コロナウィルス（COVID-19）が蔓延している最中であり、集団での飲食の機会そのものが外的要因によって制限されていたことによるものであると推察される。

　次にJIS-Oについては、2因子構造モデルの方が当てはまりが良いことが示された。しかし、(1)2因子間での相関がかなり高いこと、(2)探索的因子分析の段階では1因子構造が示されていたこと、(3)2因子構造時の除外した項目は因子負荷量が基準に満たないのではなく、2因子間に跨って高い因子負荷を持つことを理由としていたこと、以上により日本人にとって真正性と帰属意識は欧米人ほど明確に区別されない概念であると考えられる。

Ⅳ　結論および、本研究の限界

　本研究において、日本版のインクルージョン尺度として、対人関係における
インクルージョン認知を測定する「日本版対人インクルージョン尺度：JIS-P」
および対組織関係におけるインクルージョン認知を測定する「日本版対組織イ
ンクルージョン尺度：JIS-O」が得られた。また、その信頼性と妥当性を検討し、
以下の3つの特性が確認された。(1)JIS-Pは、1因子構造12項目から構成され
る尺度である。(2)JIS-Oは「真正性」8項目、「帰属意識」6項目の計14項目か
ら構成され、2因子は非常に高い相関をもつ。(3)JIS-P、JIS-Oともに、ある程
度の信頼性、モデル妥当性が示された。

　本研究で作成された日本版インクルージョン尺度は日本特有の雇用環境、労
働環境の影響を考慮した一定の信頼性と妥当性をもつ尺度である。インクルー
ジョン尺度は従業員の主観的評価に依存する尺度であるがゆえに、文化や環境
の影響を受けやすく、国や地域に適した尺度を用いることは企業の人的資源管
理において重要であると考える。また、人口減少、少子高齢化という社会問題
が顕在化している昨今、企業の人的資源の確保および育成は急務であり、組織
へのコミットメント向上に影響するインクルージョン認知の日本版尺度の作成
は企業戦略上大変意義のあるものであると考える。

　しかしいくつかの課題もある。本研究で扱ったJIS-Pについては、除外した
項目15が新型コロナウィルス蔓延による影響を強く受けていることが推察さ
れ、検討の余地があると考える。また、妥当性の検討について、今回作成した
2つの尺度は、類似概念の整理と基準関連妥当性の検討が不十分であり、この
点も今後の課題として挙げる。

付記
　本研究はJSPS科研費JP19K01880、JSPS科研費JP21K01764の助成を受けたものです。

● **注**

1 ）正木・村本［2017］、林ら［2019］、佐藤ら［2020］を参照。

2 ）Shore et al.［2011］を参照。

3 ）Mor Barak et al.［2006］を参照。

4 ）正木・村本［2017］、佐藤ら［2020］、寺井［2022］を参照。

5 ）Roberson［2006］、Neharika & Chari［2015］、脇［2019］を参照。

6 ）Davidson & Ferdman［2002］、Shore et al.［2011］、脇［2019］を参照。

7 ）インクルージョン尺度では、上役との関係性について問う項目が複数あり、被験者が管理職に就いている場合、回答が困難な状況が想定できるため、本調査では調査対象から管理職を除外している。

8 ）Mor Barak［2005］はインクルージョン尺度の下位因子として、「意思決定プロセス（項目1、4、7、10、13)」「情報ネットワーク（項目2、5、8、11、14)」「参加・関与の度合い（3、6、9、12、15」の３つを示す。しかし、Cho & Mor Barak［2008］やAcquavita, Pittman, Gibbons, and Castellanos-Brown［2009］はインクルージョン尺度の1因子性を認めている。

● **参考文献**

Davidson, Martin N. & Ferdman, Bernardo M.［2002］"Inclusion: What Can I and My Organization Do About It ? " *The Industrial-Organizational Psychologist* 39(4) pp.81-85.

Jansen, Wiebren S., Otten, Sabine, Van Der Zee, Karen I.& Jans, Lise［2014］"Inclusion: Conceptualization and measurement", *European Journal of Social Psychology*, 44, pp.370-385.

Mor Barak, Michalle E.［2005］*Managing Diversity*, SAGE.

———［2017］*Managing Diversity* 4th Edition, SAGE.

Mor Barak, Michalle E.& Cherin, David A.［1998］"A Tool to Expand Organizational Understanding of Workforce Diversity: Exploring a Measure of Inclusion-Exclusion", *Administration in Social Work*, 22(1), pp.47-64.

Mor Barak, Michalle E., Levin, Amy, Nissly, Jan A.,& Lane, Christianne J.［2006］"Why do they leave? Modeling child welfare workers' turnover intentions", *Children and Youth Service Review*, 28, pp.548-577.

Neharika Vohra & Chari, Vijayalakshmi［2015］"Inclusive Workplaces: Lessons from Theory and Practice", *The Journal for Decision Makers*, 40, (3), pp.324-330.

Nishii, Lisa H.［2013］"The Benefits of Climate for Inclusion for Gender‒Diverse Groups", *The Academy of Management Journal*, 56(6) pp.1754-1774.

Roberson, Quinetta M.［2006］"Disentangling the Meanings of Diversity and Inclusion in Organizations", *Group & Organization Management*, Vol.31, Issue 2, pp.212-236.

Shore, Lynn M., Randel, Amy E., Chung, Beth G., Dean, Michelle A., Ehrhart, Karen Holcombe & Singh, Gangaram [2011] "Inclusion and Diversity in Work Groups: A Review and Model for Future Research", *Journal of Management*, 37(4)pp.1262-1289.

植村省三 [1982]『組織の理論と日本的経営』文眞堂。

小野豊明 [1983]「日本企業の意思決定システム――その近代化と稟議制度の変貌――」『上智経済論集』30(1)、1-14ページ。

神林龍 [2016]「本的雇用慣行の趨勢：サーベイ」『組織科学』50（2）、4-16ページ。

佐藤佑樹・島貫智行・林祥平・森永雄太 [2020]「インクルージョン風土と従業員の創造性――知覚された組織的支援（POS）の媒介効果――」『組織科学』54（1）16-31ページ。

寺井基博 [2022]「雇用におけるダイバーシティ＆インクルージョンの意義――女性活躍推進を分析の起点として――」『論評・社会科学』140、79-107ページ。

林祥平・森永雄太・佐藤佑樹・島貫智行 [2019]「職場のダイバーシティが協力志向的モチベーションを向上させるメカニズム」『日本経営学会誌』42、52-62ページ

西田ひろ子 [2007]『米国、中国進出日系企業における異文化間コミュニケーション摩擦』風間書房。

正木郁太郎・村本由紀子 [2017]「多様化する職場におけるダイバーシティ風土の機能、ならびに風土と組織制度との関係」『実験社会心理学研究』57（1）、12-28ページ。

吉澤昭人 [2021]「ダイバーシティと高齢者、シニア――KH Coderによる新聞記事のテキスト分析――」『千葉経済論叢』65、147-167ページ。

吉野洋太郎 [1975]『日本の経営システム――伝統と革新――』ダイヤモンド社。

脇夕希子[2019]「ダイバーシティとインクルージョンの概念的差異の考察」『商経論叢』60(2)、33-44ページ。

（筆者＝脇夕希子（九州産業大学）、三井雄一（西南学院大学））

2022.8.1. 受付
2022.9.22. 受理

ワークショップ

研究者としてのキャリアと外部資金

國府　俊一郎

研究者としてのキャリアと外部資金

Career to Be a Researcher and Research Project Grants

國府　俊一郎　KOKUBU Shunichiro

本ワークショップの趣旨

　本ワークショップは「1）現職の教員、研究者にとっては外部資金獲得のノウハウ、2）これから専任教員を目指す若手研究者にとっては、研究と教育の両立などを考える。長期的に研究者としてのキャリアをどう積み上げていくのか、意見交換できる場所にする」、という狙いと意図のもとで企画された。

　ワークショップでは、まず、大学教員へ至るキャリアについて、筆者が大学院を修了してから、研究者として台湾の大学で専任の仕事を得て、日本の現任校へ移動するまでの経歴を1つの例として示した。次に日本の大学教員として働く筆者の仕事内容について概説し、加えて研究者生活と切り離しづらい関係になった外部資金、特に日本学術振興会の「科学研究費助成事業（以後、科研費と略す）」の申請のコツやその性格について説明した。その上で、研究者と大学との関係に交える形で研究における外部資金の意義について議論した。

1　台湾におけるキャリアと外部資金

　台湾では1970年代後半から高学歴化が進展したが、同時に少子化も進行した。2000年代後半以降、4年制大学を含む高等教育の学生定員数が相対的に過剰になる中で、高等教育機関の統廃合が始まった。大学教員数も相対的に過剰となる中で、淘汰を目的とした大学評価や教員評価が導入されることになり、台湾

における研究者の初期キャリアは容易でないものになりつつあった。筆者が九州大学大学院で博士号（経済学）を取得し、台湾企業で働いていた妻の縁で語学留学し、わずか三カ月で台湾の大学（中堅の４年制私立大学）に就職が決まった2005年は、まさにその転換点の直前の時期に当たる。

英語も中国語も話せず、日本語の論文しか書いておらず、講義経験もなかったのにも関わらず、簡単な面接だけで最初の就職が決まり、2007年夏にも難なく次の大学に移動し、学科も日本語学科から経営学科となり、専門に近づけたのはまさに僥倖であった。入職時の職位は「助理教授（Assistant Professor日本の助教または専任講師の地位に近い）」で、２年ごとの契約更新が原則的に反復更新される、終身在職権（テニュア）を持つ職であった。後に気がつくことになるが、2007年の夏というタイミングは、その最後の機会であった。2007年秋の学則改訂により、その後に雇用される助理教授は、６年以内に副教授（日本の准教授に相当）に昇進しなかった場合、契約更新が停止されることになったのである。

助理教授から副教授への昇進条件は大学独自に定めることができるが、どの大学でも類似した制度になっていた。筆者の大学では助理教授から副教授に昇進するには、① 研究・教育・学生指導・学内業務の４項目で実施され、点数で教員を序列化する教員評価において、３年間を通じて上から65%以上の位置を維持していること。② 研究実績について、格付けが「特優等（詳細は後述する）」以上の論文雑誌に３つ以上研究論文の掲載があること。③ 助理教授として３年間以上勤務すること、の条件が課されていた。[1]①の教員評価では「國科會研究經費（以下、「國科會」と略す）」と呼ばれる外部資金の獲得に格別の点数が与えられていた。外部資金獲得の実績は、②の研究実績にも点数が加算される仕組みになっていた。「國科會」は外国人研究者も申請することができる。筆者の勤めていた大学では毎年の申請が義務化されていたが、一度も採択されたことはなかった。詳しい事情は不明だが、筆者の研究論文の掲載されている論文雑誌の格付けがその理由の１つに考えられる。

筆者の研究実績[2]を参照いただきたいが、日本の「科研費」の採択において、

重要なのは研究計画と実績であって論文雑誌の格付けが採択の決定的な理由ではないと推察される。しかし、台湾では論文内容もさることながら、掲載された論文雑誌の格付けが重要な意味を持つ。それは、大学における昇進条件に象徴されている。先述した②の研究実績でいう「特優等」とは、「SCI」、「SSCI」[3]などの引用格付けがされた論文雑誌を指す。ただし、台湾には「TSSCI」という台湾独自の格付けもあって、点数は半分であるが、それも「特優等」の実績に加えることができる。他方で筆者の研究論文が掲載された本学会の論文雑誌は、格付けでは「乙等」で0点なので、いくら蓄積しても学内における昇進の要件を満たすことはなく、外部資金獲得の補助にもならなかったのではないかと考えている。

　外部資金は獲れず、昇進の機会もなく、「万年助理教授」ではあったもの、「乙等」でも良いので年1本の論文さえ書けていれば雇用は安定していた。また、いざという時に助け合える気の置けない同僚たちに囲まれて職場環境に不満はなかった。講義の数は日本の現任校よりも多く、研究点数の不足を補うために、教育で点数を補うべく補習も推奨されていた。そのため講義による拘束時間は長かったが、フランクな台湾人学生との関係は痛快で、大学の外国人先生としては申し分ない生活であった。しかし、研究者としての承認欲求が満たされることはなく、30代後半になると焦燥感を感じるようになった。台湾で開催される国際学会に積極的に参加するなど、昇進できる方法を次第に模索しつつあったが、同時に帰国も選択肢に入れ、JREC-INを通じて数多くの求人に応募した。[4]その結果、現任校に採用が決まり、2015年春に帰国することになった。

2　日本における研究者としての活動と外部資金

　台湾の前任校では9つの講義と2つの補習授業をこなす必要があったが、日本の現任校では6つでそのうち4つが演習講義である。台湾では中規模講義がほとんどであり、週に11回、100分間ほど話し続ける体力が求められた。他方で日本の大学では、特に演習において、話すだけではなく、学生がある水準を

維持しながら自発的に学ぶように導く、「指導力」が必要とされる。また、大学院講義を持つ今では講義数も台湾時代と大差ない。また、筆者は毎週異なる外部の経営者を招く通年講義を受け持っているので、周到な前準備と気遣いが求められている。したがって、台湾と日本の大学を比較して、必ずこなさなければならない講義数は減ったものの、特有の難しさが加わったというのが筆者の実感である。

　他方で研究環境は明らかに改善された。台湾の前任校では給与の約3割が研究費という名目で支給されているが、給与の合計額は同年代のエンジニアと同等であった。国際学会発表の手当はあったが、発表が必須で、学会に参加するだけでは支給されなかった。したがって、台湾にいた当時、が本学会の年次大会に出席するのも自費であり経済的負担は軽くなかった。他方で、日本の現任校では一般研究費というものがあって、自身の研究との関係性の説明責任があるものの、比較的自由に研究に使用することができる。学会に参加するための出張も許されるようになった。また、毎年発行される紀要論文集があって、公刊に至らなかった研究論文の受け皿となる。筆者も勤務初年度に台湾での研究生活の中で公刊されていなかった論文をいくつかまとめて公表することができた。

　外部資金については、台湾で一度も採択されなかったという負い目もあり、もっとも身近な「科研費」に積極的に申請していった。初年度は若手研究に応募して不採択であった。2年目の2016年には若手ではなくなっていたので、基盤研究Cに応募して、初めて採択された[5]。現任校では科研費申請は義務ではないが、年に一度、研修会を行って申請を促進している。その研修会で工学系教授が話した2つの言葉が印象的であった。その1つは、「計画書に書くべきことはすべて書いてある」、である。採択のコツと言えるのかわからないが、研究計画書を書くということは、テンプレートに書かれている要件を悉く埋めていく作業である。研究には独創性が必須だが研究計画書の書き方に独創性は不要ということであり、筆者も実践している。

2つは、「科研費は一度食べ始めるとやめられない毒饅頭だ」である。「科研費」は定期的に書くべき申請書や採択されれば経過書や報告書の執筆など、文書の処理が煩雑で時間を費やす。また、期間内に研究成果を出して公表することを求められる。そして、研究の水準を維持していきたいのであれば、現在の研究をこなしながら、次の「科研費」の計画を考え、「種を植える」。つまり、次の研究計画申請に必要な基礎研究の積み重ねと研究人脈の維持拡大を行っていかなければならない。まさに科研費は「一度食べ始めるとやめられない毒饅頭」である。筆者も現在の研究はコロナ禍で遅滞しているが、毒饅頭はやめられず、昨年度から同時進行で次の研究の準備を進めている最中である。

3　教員と研究者の曖昧性の中で

冒頭示した本ワークショップの趣旨に「現職の教員、研究者……」という表現がある。「教員」なのか「研究者」なのか、あるいはその両方なのか、それともこの両者は同義なのか、まさにこの曖昧性こそが筆者を含む大学の「教員、研究者」の実態なのである。

大学という組織にとって顧客は誰か、異論はあると思うが、一番の顧客は学生またはその学費を支払う者であると考える。その顧客が期待するサービスの第一は学生の「教育」であろう。したがって、大学という組織（特に筆者の所属するような私立文系の大学）は一番の顧客である学生の「教育」の充実に主眼を置き、その次に学生の教育水準を高める上で不可欠な研究者の研究に必要な費用を捻出する、という優先順位になるのではないか。したがって大学は「研究者」であると同時に、熱心な「教員」であってほしい、と考えるのではないか。

他方で、研究者の第一義は、未知を明らかにし科学の流れを引き継ぐ「研究」である、と考える。確かに大学の講義は、「研究」の整理をしていくために役立つこともある。また、若い学生と意見交換を行うことで生まれる新しい「研究」のアイデアもあるだろう。学生と触れ合うことはそれ自体が喜びでもある。しかし、学生の「教育」は研究者としては第二義である。学生のキャリアを考

えたり、就職先の心配をしたりするのは、研究者の仕事ではないが大学教員の仕事である。開き直って極論を言えば、台湾時代の筆者のように、大学教員として充実した生活を送るというのであれば、おそらく外部資金は必要ない。しかし、研究者としての道を深め、研究の質を高めようとするのであれば、研究者自身が外部から調達する必要があるのではないだろうか。

「教育」を主眼に据える大学という組織と「研究」を第一義とする研究者のミッションは完全には一致していない。しかし、お互いを必要として共存しているのが、大学という場だ。だからこそ、大学教員である研究者は忙しくもなるし、苦しくもなるのではないだろうか。

● 注

1）詳細については、以下を参照されたい。國府俊一郎［2016］「少子化台湾において大学教員の直面する評価——学部(学科評価)、教員総合評価、昇進審査に関する問題点——」『経営論集第30-31合併号』大東文化大学経営学会、pp.97-108.

2）筆者の研究業績は以下参照(https://gyouseki.jm.daito.ac.jp/dbuhp/KgApp?kyoinId=ymdkgmogggo)。

3）SCI(Science Citation Index)、SSCI（Social Science Citation Index）のこと。TSSCIとは台湾独自のSSCIのことを指す。前任校の同僚からは「JSSCI」はないのかと度々尋ねられた。

4）JREC-INは、日本科学技術振興機構の運営する研究職と研究者の就職マッチングサイトである。

5）筆者の科研費採択歴についても、注2に示したウェブサイトを参照されたい。

（**筆者＝**大東文化大学）

書　評

1．平澤克彦・中村艶子編著
『ワークライフ・インテグレーション
——未来を拓く働き方——』
（ミネルヴァ書房、2021 年）

HIRASAWA Katsuhiko and NAKAMURA Tsuyako, *WORK-LIFE INTEGRATION : Workstyle that opens up the future*, Minerva Shobo, 2021

奥寺　　葵　OKUDERA Aoi

I　本書の問題意識

　本書において、「ワークライフ・インテグレーション（work-life integration）」（以下、WLI）とは「仕事と生活の統合」という概念であり、いわば「ワーク・ライフ・バランス（work-life balance）」（以下、WLB）の「進化形」として位置づけられている。日本では、政府（内閣府）が「仕事と生活の調和」として推進してきたWLBが言葉としての市民権を得てきたが、欧米ではWLIが一般化し、認知されているという。その概念は仕事と生活のバランスをとるというよりも、包括的な意味合いをもつ「仕事と生活面を統合」した概念として捉えられている。

　日本は危機管理時代の働き方、女性活躍、男性の家庭生活参加、非正規雇用など、WLI上での重要な課題を抱えている。この課題の呼称や概念は時代の流れの中で徐々に変遷してきた。焦点を当てる角度や呼称は多様化しても、職業生活と個人生活・家庭生活を調和させ、工夫していくことに相違ない。

　本書では、既存のWLBの限界を把握し、そこから変化していく時代に対応していくために、新しい概念モデルが、現状やこれからの課題にどのように影響を与えていくのか考察されている。そうしてそれらの課題に対し、いかなる解決策が情勢の変化に伴って工夫され得るのか、経営や社会政策・労働政策との関連ではいかなる働き方への影響があるのか分析されている。

＿＿＿＿

＿＿＿＿＿

＿＿＿＿＿

Ⅱ　本書の構成

本書は、以下の8章からなっている。

序章「ワークライフ・インテグレーションの分析視角」
第Ⅰ部「ワークライフ・インテグレーションの生成と展開」
　第1章「ワークライフ・インテグレーションの概念と展開」
　第2章「ドイツにおけるワーク・ライフ・バランス問題」
　第3章「アメリカの子育て支援とワークライフ・インテグレーション」
　第4章「労働時間と生活時間の調和を目指して」
第Ⅱ部「日本企業とワークライフ・インテグレーション」
　第5章「財界のワークライフ・インテグレーション戦略」
　第6章「人的資源管理とワークライフ・インテグレーション」
　第7章「非正規労働とワークライフ・インテグレーション」
　第8章「ワークライフ・インテグレーションの現実」
終章「ワークライフ・インテグレーションとニュー・ノーマル」

　序章では、賃労働と家事労働の分離をもとに問われるようになったWLB問題について、人間労働の展開と賃労働の優位を論じ、また、WLIの分析を生活の論理を基軸に進め、女性の就労や働き方改革との関連からWLIの意義を問うている。

　第Ⅰ部では、WLIの概念と、企業社会におけるWLBの限界について検討されている。

　第1章では、WLIの概念と展開、そしてWLIの社会的意義について述べられている。WLIのコンセプトが、歴史的背景の転換によっていかなる変化を遂げてきたのかが叙述されている。

　第2章では、WLBの背景と展開について、ドイツを事例に考察し、その問題点を家族概念の変化と家族の貧困化、固定的労働時間制度や労働力不足を背

景に検討されている。

　第3章では、アメリカにおけるWLBの動きを子育て危機から分析し、それに対応する国家政策、経営政策、従業員ニーズ面からWLIへの動きが考察されている。

　第4章では、長時間で知られる日本の労働の現状とその弊害からWLBの意義と限界を考えるとともに、求められる労働時間短縮の形を提唱して、労働時間と生活時間の観点から重要な要因が考察されている。

　さらに、第Ⅱ部では、国内で注視されている日本企業のWLIに焦点を当てて分析されている。

　第5章では、WLIの推進主体である政府、財界、企業の政策を検討することの重要性が指摘され、『働き方改革』に対する財界の見解と主張が労働市場、労務戦略の根拠となっていることが明らかにされ、その改革の課題が提示されている。

　第6章では、職業人が充実した職業人生を送り、夢を実現し、目標を達成する必要がある中で、生産性を高めて企業に貢献できる人材を育て、WLIを実現して柔軟な働き方を可能にするための企業の施策が検討されている。

　第7章では、社会的評価が低いままで正社員との乖離が大きい非正規労働を取り上げて、そのWLIの問題が分析されている。

　第8章では、日本企業におけるWLIの実践内容、AI化や新型コロナウィルスによる影響面から生活への影響を考察し、WLIの実態がいかなるものかが示されている。IoT、グローバル化、労働力不足やパンデミック等の危機的状況が雇用や働き方にどのように影響しWLIがどのように進められているか、その実態がテクノロジーによる影響も含めて明らかにされている。

　全体のまとめとしての終章では、コロナ禍で浸透したテレワークや働き方の変化をWLIに結びつけていくための課題と提言がなされている。

書　評

Ⅲ　本書の概要

　日本社会でWLBということば自体は定着したものの、その内容は試行錯誤に満ちている。例えば、経済発展と家族の側面からWLBの限界が見えている。それは、ドイツの経験によっても裏付けられる。第2章では、これまであまり注目されてこなかったドイツにおける「労働生活のファミリー・フレンドリーな形成」をもとに、女性の社会進出による家族機能の脆弱化、シングルマザーの増加、家族の貧困化など家族の危機を背景にワークライフ問題が提起され、ここにドイツの特徴があると明らかにされている。さらに、第3章では、WLBの限界がアメリカの子育ての経験を通しても示されている。子育て費用や教育費の高騰によって「絶滅危惧種」の働く親たちの窮状、個人・市場型から州政府のWLI施策への希求、家族医療休業政策の前進などが、個人の自助努力に加えて、企業、政府によるWLI政策と措置が不可欠であると主張している。

　他方、第4章では、WLI側から考察した日本社会の特徴が、長時間労働を前提とした働き方に表れていると指摘されている。家事・育児や社会活動の「ライフ」面を縮小させ、性別役割分業を増長させ、男女差は二極化し、男性の多くが長時間労働に従事している。「働き方改革関連法」による労働時間の上限規制にもかかわらず、労働時間短縮への効果は薄く、緩和されながらも、週60時間以上の時間外労働上限規制を超える過酷な働き方も多く、長時間傾向は根深い。

　では、WLI施策を推進するのは誰か。それは主として政府、財界、企業である。第5章では、日本企業の取組を規定する「働き方改革」に対する財界の見解が検討され、その主張が政財界の労働市場・労務戦略の根拠となっていることが明らかにされている。第6章では、「働き方改革」が進行中の今、人的資源管理を多様で柔軟な働き方に対応できるものに変えることが必要であるとの主張がなされている。今や必ずしも一企業での終身雇用を想定せず、働きがいや仕事を通じた社会貢献に重きを置く若者や多様な人材の「価値創造力」が発

揮できる環境や、時空間にとらわれない「柔軟な働き方」が求められており、「Society5.0」時代の新たな働き方に合わせた転換が起こっているという。そして、その転換点は、人的資源管理でモチベーションを誘発し、積極的職務遂行と生産性向上に反映された従業員要請の企業施策として表れる。WLIを実現し柔軟な働き方を可能にする企業施策は「ライフキャリア・レインボー」理論を活かし、ライフステージの課題を担っていくものである。そこでは労働時間管理の柔軟性、雇用の柔軟性、賃金・給与管理の多様性、主体的なキャリア開発・能力開発やWLBに配慮した福利厚生を主軸としたWLIの推進が必要であるとの主張がなされている。

　WLIの課題を考える際には、非正規労働と正規労働の構造的問題を避けては通れない。非正規雇用は、「正規労働」とのかけ離れた差別的待遇で社会的評価が低いが、本来は家族形成や家族介護等の無償ケア労働を行うライフステージに対応できる「自由意思」のある働き方である。そこで、第7章では、非正規労働を補完的役割ではなく、暮らしとキャリアが結びつく働き方の1つとして捉え、WLIから考える労働イノベーションが欠かせないと主張されている。

　第8章では、個々の企業の事例を挙げてWLIの現代の課題と近年のAI化がもたらす経済活動と生活活動への物理的変化を学術的研究成果と実践的導入事例に分けて紹介されている。AI失業に対する悲観的視座と楽観的視座からの考察を通して、日本の雇用の遅れたルーティン化とAI化による失業の側面から、男女差のない雇用形態の実現とキャリア向上の機会の均等化の重要性が見出されている。同時にAI化によるQOL（Quality of life）の向上の制御が今後の課題であることが指摘されている。

　以上のように、WLIの問題がさまざまな視点から取り上げられており、グローバル化の中で変貌する労働環境の具体的な分析から、これからの働き方や働きやすい職場環境について模索されている。

Ⅳ　本書から得られる示唆

　本来、「生きる営み」には、「生産活動」も「非生産活動」も混在しており、厳密に分けるのは困難である。それをどう分けるのか、どうするのか、今まさにテレワークの労働時間問題として大いに議論されている。仕事や働き方、時間などの自己管理が求められる傾向は、形を変えて深度を増している状況であり、「生きる営み」が「生産活動」と「非生産活動」に分化している現代社会の状況を、あらためて「生きる営み」へと「統合」していくことが必要な時代になってきている。さらに、「生産活動」と「非生産活動」に分化した上で、価値は「生産活動」に回収されてしまってきたことへの違和感に人々は気づき始め、「生きる」ことの価値が問題になっていることと、WLIが通底しており、それは非常に深刻で巨大な現代社会の問題になっている。

　本書は、WLIはすべての働く人々が自らの職業生活を考え、企業が経営面を改善し、グローバルな競争力をもった組織として生き残っていくための重要かつ統合的な戦略であると主張している。またその観点から、未来を切り拓く働きやすい職場整備や労働条件面での経営方途を探り、WLIがいかに展開し寄与するのかを示すことにより、この概念を日本に定着させる意義のあるものとして提唱している。

　しかしながら、日本において、WLBでさえ、言葉としての市民権を得たものの、その実現には至っているとは言い難い。なぜなら、「誰が」、「誰のために」、「何を」、「どうする」という「手続き的正当性」が未だ具備されていないからである。この現状を踏まえた上で、WLIという新しい概念をこれからの生活や経済を切り拓く基礎的なコンセプトとして、「未来を拓く働き方」に迫った意義は大きい。引き続き、今後のさらなる研究の進展に期待したい。

（**筆者**＝千葉商科大学）

2．五十畑浩平著
『スタージュ　フランス版「インターンシップ」
――社会への浸透とインパクト――』
日本経済評論社，2020 年 2 月 264 頁，5200 円＋税

ISOHATA Kohei, *"Stage" French-style internship : Social penetration and impact*, Nihon Keizai Hyoronsha, 2020

山崎　　憲　YAMAZAKI Ken

I　本書の問題提起

　「どのようにフランス社会にスタージュが浸透したかという詳細な歴史的プロセスや、なぜスタージュが浸透したかという詳細な要因、また時代とともに変化するスタージュの意義や役割」(p.9) および「浸透プロセスや浸透要因、意義・役割の変遷を解明する」(p.9) ことが本書の目的であり、フランス版インターンシップであるスタージュがインターンシップの本格導入に向けた「日本へのインプリケーション」(p.9) になる可能性についても提示している。

　これら本書の問題提起について本稿では 2 つの点から考えてみたい。

　第一にフランスではほとんどの大学卒の若年層が卒業後にインターンシップを行いながら適職を探すと日本で一般的には理解されていること、第二に日本では 2018 年 9 月に経団連が 2021 年春以降に入社する学生から新規学卒一括採用を廃止にすると会見で述べるなど日本で一般的に理解されているようなフランスと同様の方向に向かおうとしているのか、ということである。

　本書が描いているのは、フランス版インターンシップであるスタージュが学校の内容やランクによってグラデーションがあるということである。より具体的には、スタージュが人材の青田買いとして機能して卒業と同時に働き始めるというものから、在学中にスタージュを受けるものの就職に直結することが難

143

しく、卒業後に復学してスタージュの機会に参加するなど、複数のスタージュ
を経験してようやく定職に就くことができるというものまである。つまり、日
本の新規学卒一括採用と同様に機能するスタージュも存在していることを本書
は明らかにしている。であるならば、こうしたグラデーションのあるスタージュ
を「日本へのインプリケーション」とすることにどのような含意があるのであ
ろうか。

II　本書の構成と概要

（1）各章の構成

　本書の構成は次のとおりに序章からはじまり、第 I 部から第IV部までとなっ
ている。序章：なぜ今スタージュなのか、第 I 部フランスとスタージュ、スター
ジュとは何か、第 II 部スタージュのフランス社会への浸透プロセス、第III部ス
タージュのフランス社会への浸透要因、第IV部フランス社会へのスタージュの
影響。第 I 部は第 1 章フランスの高等教育と労働市場の特徴、第 2 章スタージュ
の概要、第 II 部は第 3 章高等教育の歴史と労働市場の変遷、第 4 章スタージュ
の歴史、第III部は第 5 章スタージュの特性と浸透要因、第 6 章スタージュの浸
透の社会的背景、第IV部は第 7 章スタージュのインパクト、第 8 章若年者とス
タージュ、終章スタージュとフランス社会となっている。

（2）概要

　スタージュが実施されるのは次の 3 つの高等教育機関である。 1 つめが普通
課程である大学と大学院において学士、修士、博士という日本と同様のもので
ある。 2 つめが企業の要請にこたえるための実学中心のカリキュラムを実施す
る大学の職業教育課程である。ついで 3 つめがグランゼコールであり、「フラ
ンスの産業・経済の興隆を図るための高度専門家を養成する」(p.19) ものである。
　この 3 つのうち、グランゼコールのスタージュは実質的な採用試験もしくは

人材の青田買いとして機能しており、プロジェクトマネージャーのスタージュの機会があることも珍しくはない。一方で、大学や職業教育課程のスタージュはランクの上下によってスタージュの内容が異なっており、採用に直結していないものが多くなっている。第1章はフランス労働市場の特徴として法規制により非正規雇用の活用が制限されており、無期限雇用中心になっていることから、学卒採用やスタージュの機会が非正雇用の代替として活用されることが多いことを明らかにしている。

　第2章と第4章ではスタージュの概要と歴史が描かれる。スタージュの原義は「企業における研修・実習（stage en enterprise）」であり、1747年にはじまる高度専門家養成学校であるグランゼコールのエンジニア養成のための現場実習が起源となっている。

　1819年にそれまでの技術系だけでなく商業系のグランゼコールである商科大学校が設立された。それにともない、1800年代にグランゼコールはスペシャリストだけを養成するだけでなくゼネラリストを養成する方向へ舵を切ることになる。1819年には商業系グランゼコールである商科大学校が生まれ、そのなかでスタージュが実習の場所として強化されていくことになった。

　第3章ではフランスの大学制度の変遷が描かれている。1960年代になると大学進学率が上昇する高等教育の大衆化の時代を迎え、「技術者や中級幹部職員に対する産業界のニーズの高まりに応えて1964年に（大学に）上級技術者養成課程（STS）が創設され、66年には大学付設の技術短期大学部（IUT）が創設され」（p.87）、同じく66年にそれまでグランゼコールだけで行われてきたスタージュが大学でも実施されるようになった。大学、大学の職業教育課程、グランゼコールの三者を研究者養成ではなく企業や公的セクターに対する人材育成という観点で序列をつければ、グランゼコールが最上位にあり、大学と大学の職業教育課程はそれぞれのランクによって決まっている。つまり、グランゼコール以外にスタージュが拡大したとしても、その内容や成果としての採用状況は同じではない。

　1968年に成立した高等教育基本法で「大学はあらゆる分野において幹部を供給し、また各地方の社会的・経済的開発に参与することにより、国の要求に応えなければならない」(p.89) とされたことを契機に、1970年代に大学の職業教育課程が充実していくことになった。1984年、高等教育基本法を置き換えた新高等教育法 (サバリ法) が成立し、大学教育における実学重視の傾向が拡大し、1999年には職業資格取得に特化した職業学士課程が創設されるに至った。大学教育の実学化の方向とスタージュの関係では、1970年代に政府がスタージュへの参加を企業に要請するなどのかたちで大学へと拡大していくことになった。

　第3章、第4章および第8章ではスタージュの思惑が政府の想定と変化していく姿が描かれていく。「第二次世界大戦後からオイルショックまで高度成長を遂げ、完全雇用の状況にあったが」(p.95)、1975年から現在に至るまで失業率が上昇傾向で推移した。その理由は、オイルショック後の労働力人口の増加と女性の労働力率の上昇 (p.97) に加えて、無期限雇用を標準とする法制度を理由とする構造的なものである。

　こうした状況が前提となり、スタージュの価値の低下、もしくは濫用が行われるようになった。具体的には、1991年からの景気後退 (p.128) を契機としてスタージュに参加する学生を低コストの労働力として企業側が利用し、学生にとっては採用につながらないという事例が増加した。

　2000年代になると、スタージュが就職に結びつかない、低コスト労働力としてのスタージュが蔓延した状況の改善を求める運動が学生を中心におこり、政府が状況の打開に乗り出し、2006年にスタージュ関連法である新機会均等法が成立した。これは企業によるスタージュの濫用を規制するものであり、スタージュ期間を6カ月以内に限定するとともに、3カ月を超えるスタージュに報酬を提供することを義務付けた。同年には、政府、雇用主団体、高等教育機関団体、学生組合による学生スタージュ憲章が成立し、最低報酬額、社会保険適用対象の拡大、教育カリキュラムに含まれない「任意のスタージュ」の禁止が織り込まれた。

2. 五十畑浩平著『スタージュ　フランス版「インターンシップ」──社会への浸透とインパクト──』

　筆者はこうしたスタージュの現状について、「本質には、硬直化した労働市場があり、これを改善しない限り、さらなる高学歴、さらなる職務経歴が若年者に求められ続けていくことになる」(p.233) として、「労働市場の硬直性を改善する」(p.233) こと、つまりは無期限雇用中心からの脱却を指摘する。そのうえで、日本におけるインターンシップの発展においては、「フランスのスタージュは、卒業後数年かけて無期限雇用に就いていく段階的参入という雇用慣行でこそ発展した」(p.234) ため、日本の新規一括採用がフランス型のインターンシップ制度導入の阻害要因になっているとして、「新卒一括採用といった雇用慣行を柔軟に見直」(p.234) すことを提言している。

Ⅲ　本書の意義と論点

　本書はフランス版インターンシップであるスタージュを、労働市場、教育制度、経済環境のそれぞれについて歴史的経緯をたどりながら多角的に紹介していることに特徴があるとともに学術的な意義がある。

　そのうえで、冒頭に掲げた、フランスではほとんどの大学卒の若年層が卒業後にインターンシップを行いながら適職を探すと日本で一般的には理解されていること、および日本で一般的に理解されているようなフランスと同様に新規学卒一括採用を廃止することへ向かおうとしているのか、という点を考察してみたい。

　前者については、フランスには大学、大学の職業教育課程、グランゼコールと３つのシステムが存在しており、スタージュがそれぞれに対応してグラデーションがあること、より具体的にはグランゼコールや一部のランクの高い大学のスタージュが実質的な採用試験でありかつ人材の青田買いと機能しており、「卒業後数年かけて無期限雇用に就いていく段階的参入」(p.234) となっておらず、日本の新規学卒一括採用と同様の仕組みになっていることを明らかにしている。このことはそのままフランスと同様に日本が新規学卒一括採用を廃止す

ることにはならず、企業にとってフランスのグランゼコールと同様の高水準の教育を受けた学生の新規学卒一括採用を続けるであろうことを示唆する。2021年の内閣官房資料では新規学卒一括採用は日本だけとの記述がみられる[1]。しかしながら、本書はそうした理解とは異なる結果を明らかにしている。日本における新規学卒一括採用といっても、実態はすべて同じように行われるのではなく、偏差値の高いいわゆる銘柄大学とそれ以外とで分けられている[2]ことが知られている。また、新規学卒一括採用を廃止すると経団連が発表した2019年にはインターンシップが実質的な採用選考となることで就職活動が長期化しているとの報道[3]もある。東証一部上場企業ではインターンシップに参加するための選抜が行われており、銘柄大学学生でなければ参加することが難しい。この意味においてもフランスのスタージュにグラデーションがある状況と類似している。

　整理すれば、低コストの労働力として濫用される可能性が高いのは大学および大学の職業教育課程におけるスタージュであり、グランゼコールのスタージュではない。この背景には無期限雇用中心の法制度の存在があるだろうが、それだけではない可能性について本稿は指摘しておきたい。それは大学進学率上昇に伴う労働需給のミスマッチである。本書ではグランゼコールの学生が参加するスタージュではプロジェクトマネージャーのポストがあてがわれる事例を紹介している。一方で大学や大学の職業教育課程におけるスタージュでは「職務間の調整弁」(p.151) として、ごみ捨てや買い出し、電話番のような雑用を受け持つものがあり、明らかに同じものではない。このスタージュが「卒業後数年かけて無期限雇用に就いていく段階的参入という雇用慣行」につながっている。ここに無期限雇用中心の規制を緩和して非正規雇用の活用を拡大したとして、非正規雇用から無期限雇用へ移行する道筋は開けるのだろうか。日本との比較を視野に入れた場合、グランゼコールとそれ以外のスタージュで採用企業の規模や同一企業であっても中核人材かそうでないかといった差があるのか、差があるのであればそれはどのようなものなのか、非正規雇用とスタージュと

の違いはどこにあるのかといった視点からの研究や議論が喚起されることを期
待したい。

◉ 注

1）内閣官房「就職・採用活動日程に関する関係省庁連絡会議（第6回）議事要旨」(https://
www.cas.go.jp/jp/seisaku/shushoku_katsudou/dai6/gijiyousi.pdf)　2022年11月1日閲覧。
2）「大東亜以下」メールは学歴フィルター？　マイナビの誤送信で波紋」朝日新聞デジタル
2021年12月25日(https://www.asahi.com/articles/ASPDS6470PDGUTIL05Y.html)2022年
11月1日閲覧。
3）福島直樹［2019］「『14カ月間』長期化する就活でヘトヘトの人事と学生　インターン青
田買いの実態」週刊文春電子版2019年6月27日（https://bunshun.jp/articles/-/12496）
2022年11月1日閲覧。

（**筆者**＝明治大学）

──『労務理論学会誌』投稿論文の募集について──

労務理論学会誌編集委員会

　『労務理論学会誌』第33号（2024年2月発行予定）に掲載する投稿論文を下記の要領で募集します。会員であれば大会報告者ではなくても投稿することができます。また、社会人の会員の方を対象に全国大会に社労士セッション等もあり、社会人の方も積極的に学会報告や学会誌投稿をお願いします。投稿を希望する会員は、下記の（1）、（2）、（3）に従って、原稿を電子メールもしくは簡易書留でお送り下さい。

　⑴ 論文の種類：研究論文、研究ノート、書評、その他
　⑵ 提出期限：研究論文、研究ノート　2023年7月15日（土）
　　　　　　　書評、その他　　　　　2023年8月10日（木）

【投稿論文送付先】
〒192—0393　東京都八王子市東中野742—1
中央大学経済学部内　鬼丸　朋子宛
E-mail：tonimaru001z@g.chuo-u.ac.jp

⑶その他：
　論文は筆者名を厳密に秘匿して審査されるため、投稿者は本文中に執筆者と分かるような記述（氏名など）を避けるように注意してください。
　また、論文は問題意識の明確さ、先行研究の提示と当該論文の独自性、論理の一貫性、表現の明確さ、研究倫理への配慮等を基準に審査が行われます。投稿希望者は、労務理論学会ウェブサイトないしは労務理論学会規定集の「投稿規定」の項目をご一読のうえ、その要領にもとづいて、上記の基準を考慮して投稿して下さい。

——「労務理論学会誌」投稿規定——

第1条（投稿資格）
　　　投稿者は原則として本学会の会員とする。

第2条（原稿の種類）
　　　投稿原稿は、本学会の目的に即したテーマで、原則として、日本語で
　　書かれた単著の、研究論文、書評、研究ノート、研究動向などを含む
　　未公刊の研究論文等とする。

第3条（著作権）
　　　掲載された論文の著作権は、労務理論学会に帰属する。本誌に掲載さ
　　れた論文を執筆者が他の出版物に転用する場合は、予め文書によって
　　編集委員長もしくは会長の了承を得なければならない。

第4条（書式と字数）
　　　原稿は、原則として、ワープロによる横書き和文とする。字数は、本
　　文・注・図表・文献リストを含めて、研究論文は13,000字（40字×40
　　行で8頁＋5行）以内、研究ノートは10,000字（40字×40行で6頁＋10行）
　　以内、書評、その他5,000字（40字×40行で3頁＋5行）以内とする。

第5条（記入禁止事項）
　　　原稿の表紙に投稿者の氏名、住所、所属機関を記入し、原稿自体には
　　執筆者と分かるような記述（氏名など）は一切しないものとする。

第6条（原稿の締切）
　　　研究論文、研究ノートの締切は、毎年7月15日とする。書評、その他
　　原稿の締切は、毎年9月10日とする。ただし、全国大会の開催日に応
　　じて、編集委員会が必要と認める場合は、締切日を編集委員会の責任
　　において決定し通知する。

第7条（原稿の送付）
　　　投稿原稿は、指定されたファイル形式（Microsoft Word、PDFなど）
　　でEメールに原稿ファイルを添付して学会誌編集委員長宛に送信する
　　ものとする。なお、正一部、副一部をプリントアウトし、DVD-R、
　　USBフラッシュメモリなどの記録媒体とともに学会誌編集委員会委員
　　長宛に送ることもできる。

第8条（採否の決定）
　　　投稿原稿の『労務理論学会誌』掲載の最終決定については、学会誌編
　　集委員会が所定の審査を経て原則として毎年9月末日までに決定す
　　る。

第9条（校正）
　　　採用原稿の執筆者校正は一校までとする。なお、校正時における加筆
　　および変更は認めない。

第10条（原稿の返却）
　　　投稿原稿は採否に関わりなく返却しない。

第11条 （原稿料）
　　　原稿料は支払わない。

第12条 （改訂）
　　　編集委員会は、理事会の承認を得て、本規定を改定することができる。

附則
編集委員会からの依頼論文については、別途、編集委員会からの指示による。

（施行期日）この規定は、1999年10月1日から施行する。
（改訂）2000年9月8日　（第5条）
（改訂）2001年6月9日　（第3条および第5条）
（改訂）2001年12月18日　（誌名の変更）
（改訂）2002年6月8日　（第2条および第3条）
（改訂）2002年12月18日　（第3条の追加）
（改訂）2003年6月14日　（第6条）
（改訂）2008年1月31日　（第4条および第7条の変更）（第6条）
（改訂）2008年6月13日　（第4条の訂正および附則の追加）
（改訂）2019年6月7日　（第6条の変更）
（改訂）2019年8月10日　（第4条の変更）
（改訂）2021年9月9日　（第4条、第6条、第7条および第8条の変更）

Labor and Management Review (Roumu-riron Gakkai Si)

May 2023   No.32

Diversity Management and Human resource management

Published by Japan Academy of Labor and Management
URL : https://jalmsince1991.wixsite.com/home

執筆者紹介

石毛　昭範（拓殖大学）

永田　　瞬（高崎経済大学）

橋場　俊展（名城大学）

平澤　克彦（日本大学）

木村三千世（四天王寺大学）

脇　夕希子（九州産業大学）

植木　　洋（鳥取短期大学）

閻　　亜光（立命館大学大学院）

嶋﨑　　量（神奈川総合法律事務所）

三井　雄一（西南学院大学）

國府俊一郎（大東文化大学）

奥寺　　葵（千葉商科大学）

山崎　　憲（明治大学）

編 集 後 記

　2020年以来、日本でも、コロナウイルスは私たちの生活や社会活動を大幅に制限させてきた。実際教育現場やビジネス現場でも、人と人の接触を避けようとオンラインが多用され、当学会も第30回全国大会は自由論題のみのオンライン開催を余儀なくされた。翌2021年の第31回全国大会は統一論題などを含めての形ではあったものの、オンライン開催が継続されることになってしまった。

　コロナ禍も2年を過ぎた昨年（2022年）の第32回全国大会は、ようやく従来からの対面での学会開催が実施出来たが、対面での参加に不安を感じる会員への配慮から、オンラインと対面とのハイブリッド型の学会運営となった。ハイブリッド型でオンラインでの参加も含まれることとなったとはいえ、3年ぶりの対面での学会開催が行われて、久しぶりにより白熱した議論が交わされたと思う。このような学会開催が可能となった裏には、開催校である拓殖大学の関係各位の徹底した感染対策の尽力のお陰があったからだと思う。拓殖大学の皆さんのご努力には心より感謝申し上げたい。

　また、オンラインと対面のハイブリッド型の学会開催には、オンラインでの学会開催に力を尽くされた福岡大学のご経験からくるご助力もあったと聞く。両校には心より敬意を表したい。

　また、久しぶりの対面での学会開催に際して、統一論題、プレシンポジウム、特別講演、自由論題、書評などの各セッションで報告された方々においては、例年にも増して緊張感をもって報告の準備をなされたと思う。その報告の成果を投稿くださった全ての投稿者に感謝したい。さらに、特に自由論題報告原稿と自由投稿原稿の審査にご協力をいただいた会員・学会誌編集委員の方々にも心より感謝申し上げる。残念ながら、査読を経て掲載されることとなるこれら自由論題報告原稿、自由投稿原稿の学会誌掲載率が例年よりは低くなってしまった。この掲載率を上げる方策を考えることが学会および編集委員会の今後の課題と思われる。

最後になるが、当学会誌を出版していただいた晃洋書房のスタッフの皆様、とりわけ編集部の福地成文様には、編集作業で多大な御高配をいただいた。学会員一同、編集委員一同、心より感謝申し上げたい。

2023年1月10日

編集委員長　齋藤　敦

労務理論学会誌　第32号

ダイバーシティ・マネジメントと
人事労務管理

2023年（令和5年）5月20日発行　　　定価　本体 3000 円 + 税

編　集	労務理論学会誌編集委員会
発　行	労務理論学会Ⓒ
	URL:http://jalmonline. org/
発　売	株式会社　晃洋書房
	郵便番号　615-0026　京都市右京区西院北矢掛町7
	電　話　075(312)0788　FAX　075(312)7447
	振替口座　01040-6-32280
印刷・製本	株式会社 エクシート

ISBN978-4-7710-3728-1